68篇豐富**靈性**的精彩好文

屬靈雞湯

一篇篇發人深省的好文，彷彿餵養靈性的雞湯，注入心靈成長的養分。

暢銷作家王樵一 著

目錄

CONTENTS

輯03 保持純淨的心

輯04

別讓生命虛度

輯05

轉換思考角度

輯08

建立優質習慣

輯09

打造真情生活

輯10

啟動改變契機

輯 01

施與受的真諦

合神心意的獻祭

從前歐洲一個小城，有座大教堂，教堂裡有個大鐘樓。相傳，這個鐘樓的鐘很奇怪，一般人是敲不響的，唯有合神心意的人獻上最寶貴的祭物給神時，鐘聲才會響起。

許多年過去了，這座大鐘都不曾響過；無數的君王、富豪，獻上鑽石瑪瑙、稀世奇珍，鐘，依舊不響。漸漸地，人們忘卻這個傳說，視為無稽之談。

某年聖誕節前夕，小城城主決定召開盛大的慶祝活動，廣邀四方信徒參與。有對小兄弟聽到了消息，也打算前往參加聖誕子夜彌撒，不過，他們並不知道鐘樓的傳說。

前往教堂的路上，這對兄弟意外發現路旁有個女子病倒了。由於時值隆冬，大雪紛飛，哥哥怕女子凍傷，就對弟弟說：「我留下來照顧她，你趕緊去參加子夜彌撒吧！不過，我擔心她會凍死，你回來的時候，可得帶人來救她。」又說：「你到了教堂，要為我禱告，向上帝說明我不能望彌撒的原因。但願天父知道我是多麼渴望去望彌撒。」

接著，哥哥從口袋掏出一枚銀幣交給弟弟，「這是我存了好久才存下來的，等到沒人注意的時候，你幫我奉獻出去。」哥哥一邊說，一邊強忍著不能參加望彌撒的淚水，目送弟弟離去。

這一夜，城主為了讓眾人知道教堂的風華，也企圖重現鐘聲傳奇，因此力邀許多上流富豪、貴族名門前來。各方人士也為了挑戰鐘樓傳說，紛紛秀出奇珍異寶：商人獻上金銀珠寶，騎士獻上戰利品，文人雅士獻上詩歌讚辭，城主則準備了一顆稀世夜明珠，但都沒能讓鐘聲敲響。

最後，遠方一個富裕國家的國王來了，獻上他最引以為傲、集合財富與權勢的皇冠，但是，教堂依然靜默無聲。

正當儀式結束，詩班唱起聖歌，準備結束子夜彌撒時，突然間，人聲靜止，詩班和樂隊都停止演奏，因為，悠揚的鐘聲響徹雲霄。

眾人好奇，是誰獻上什麼寶貴的禮物？回頭望向祭壇，卻只發現一名衣衫襤褸的小男孩，大家甚至沒看到小男孩趁眾人不注意時，在祭壇上放下的一枚銀幣！

上帝所看重的，是愛心與真誠。

你們要給人

小智今年十歲，十分聰明討喜，平日會分擔家事，功課也很不錯，是個人人稱讚的好孩子，父母也以小智為榮。這一年，小智決定省下零用錢，替自己買一輛全新的變速腳踏車。他努力很久，省吃儉用，終於存了三千元。

就在小智快存夠錢買腳踏車時，卻在電視上看到南亞海嘯的新聞，同時報導印尼亞齊省災情。隔天一早，小智突然對爸媽說：「上帝說，要我把這些錢捐出去。」

小智的爸媽聽了很高興，但又捨不得孩子存了一年的錢。於是問小智：「打算捐多少？」小智毫不猶豫地說：「全部！」爸媽擔心兒子一時考慮不清，於是又問小智要不要再想想，捐一部分就好，其他的讓爸媽補齊。

沒想到小智卻說：「但是上帝要我捐出全部！」最後，爸媽也被小智無私的愛心感動，便幫孩子將錢捐給世界展望會。

小智的義舉，激起爸爸的善心，內心也聽到上帝催促的聲音，於是和妻子整理出家裡用不著的物品，提供社區義賣。社區腳踏車行老闆負責籌辦這場義賣，為了鼓勵社區居民提供義賣品，老闆還自願捐出獎品供摸彩之用。因此，小智的爸爸拿到了車行老闆給的摸彩券。

義賣那天，一併舉辦摸彩。真是太巧了！小智的爸爸竟然抽中了全新變速腳踏車，全家都驚訝得說不出話來。

在耶和華—你神所賜你的地上，無論哪一座城裡，你弟兄中若有一個窮人，你不可忍著心、揝著手不幫補你窮乏的弟兄。總要向他鬆開手，照他所缺乏的借給他，補他的不足。

《聖經‧申命記》十五章7—8節

你們各人的重擔要互相擔當，如此，就完全了基督的律法。

《聖經・加拉太書》六章2節

你們要給人，就必有給你們的，並且用十足的升斗，連搖帶按，上尖下流地倒在你們懷裡；因為你們用甚麼量器量給人，也必用甚麼量器量給你們。

《聖經・路加福音》六章38節

真是好消息

阿根廷高爾夫選手羅伯特・德凡尚諾有一次贏得錦標賽，收到支票後，在停車場準備離去時，遇到一名年輕婦女。

這名婦女先向他道賀，接著告訴他，她有個重病的孩子，因為付不出醫藥費，在醫院裡快要死掉了。

德凡尚諾聽到婦人的話，相當同情孩子，就把錦標賽獎金支票簽名背書轉讓給婦人，並把支票塞給她。

過了一陣子，德凡尚諾遇到一個高爾夫協會的職員，聊起那名年輕婦人的事情。沒想到，這名職員卻對德凡尚諾說：「你被騙了！那個女人是個大騙子，根本沒有生病的孩子，她甚至連婚都沒結過！」

德凡尚諾聽完職員的話，竟然開心地笑了。職員問他為何而笑，德凡尚諾說：「原來，根本沒有一個孩子病重得快要死掉。這真是好消息！這是我最近聽過最好的消息！」

人們常常困惑於捐款用途不明而停止捐款，但這或許只是人們不願意捐款的藉口。如果打算捐款，就不要後悔，也不要不甘願；否則寧可不捐，也不要對奉獻產生負面的念頭。既然要給，就要給的心甘情願，就算被騙也無所謂。

為神而做不收錢

有一位鄉下地方的牧師，因為收入不多，日子十分拮据。但他非常努力地牧養教會、領人信主，當地居民都很愛戴他。

於是人們自動自發替牧師做些無償服務：理髮店的老闆免費替牧師理髮，肉販會多送一些肉給牧師……還有許許多多的小事，大家都過得很快樂。

有一天，牧師收到一大筆指名給他的捐款。牧師心想，鎮上許多人平日對他非常照顧，特別是理髮店老闆，從來沒有向他收過一毛錢。牧師就想買點禮物報答他。

沒想到，他的念頭不知怎麼被理髮店老闆知道了。老闆趕到教會對牧師說：「請不要為我預備任何禮物或報酬。我能替你理髮，就像是我能為神做的、一點微不足道的奉獻。我本意是要奉獻給神，之後卻收了你的禮物，那要叫我如何面對我們的神？」

牧師聽了相當感動，就打消了送禮物的念頭。

許多時候，我們就像那個理髮師一樣，欣然地為主做些微不足道的小事，並沒有打算要求任何回報；自己做得開心，同時蒙神祝福。然而，如果我們發現這些微不足道的舉手之勞，其實能夠換取相當報酬，是否還能像故事中的理髮師般甘願為神奉獻，那就很難說了。

有時候，當我們擁有越多，越不容易將自己的主權交給神。神說，祂看中那奉獻兩個銅板的婦人，因為祂看重的，不是奉獻的金錢多寡，而是奉獻的心意多寡。

隱匿之主名

有一天，有個求道者拜訪一位偉大的智者，向他請問「隱匿之主名」。據說，凡獲得這個稱謂者，可以行各種神蹟，幫助眾人，甚至改變生命與歷史。但人要知道這個稱謂，必須努力追求，讓自己得到某種智慧後，才可以求問。

智者告訴他：「我必須先測試你是否有資格知道這個稱謂。請你到城門口，待在那裡一整天，然後回來告訴我你看到什麼。」

於是，求道者便開心前往。

天黑後，求道者回來向智者報告：「按著您的指示，一整天我都專心守在城門口，一步也不敢離開。但讓我感受最深的，是一個背著木柴的老人。」

「這個老人想要進城，守門士兵卻說他得先交稅。老人說他身無分文，懇求士兵讓他先進城賣柴，回頭再來繳稅。守城士兵看出老人無依無靠，就強行把木柴扣了下來，自己私吞了。老人還被狠很地教訓一頓，丟出城外。」

智者說：「你看到這件事情發生，心裡有什麼感覺？」

求道者說：「這讓我更想獲得那個稱謂了。如果我知道『隱匿之主名』，便可以行神蹟，無辜老人就不會遭遇如此慘事。」

智者說：「我當初也是從老師那裡獲得這個稱謂的。但是，他也先測試過我的決心，確認我是不是一個願意為人服務的人。經過重重考驗，才讓我看清自己行事的意念。

「那個『隱匿之主名』，便是『時時為人服務』，我的老師就是今天城門口那位背木柴的老人。」

萬事都互相效力

一位老奶奶陪著老伴到大城市的醫院動手術，子女都不在身邊，內心相當徬徨。辦好入院手續後，她趁著先生在病房休息，走到醫院外的咖啡店放鬆一下。老奶奶覺得自己非喘口氣不可，否則，不知如何面對開刀的風險，以及休養復健的漫長過程。

老奶奶走進一間人聲鼎沸的咖啡館，希望熱鬧的氣氛可以沖淡哀傷。她點了一份下午茶，挑了靠窗的座位坐下。看著紅茶和蛋糕，她卻毫無胃口；想要禱告，卻也使不上力。

這時，咖啡館裡一位女服務生走近老奶奶，向她問候，因為她發現老奶奶點了餐卻動都沒動。老奶奶示意沒關係，表示想安靜安靜，兩人閒聊幾句後，女服務生就被別桌客人招呼去忙了。再回神，老奶奶已經離開。

正當女服務生打算進後場準備餐點時，又看見老奶奶走進咖啡館，並向她走來，給了微薄的小費。老奶奶感謝女服務生的體貼和問候，女服務生則微笑回答：「您實在不必客氣，這是我分內的工作。」但老奶奶堅持要女服務生收下小費，並說：「我只想讓妳知道，我很感激妳為我做的一切。」

女服務生說了謝謝，也感受到老奶奶話裡深層的哀傷，便問：「奶奶，妳還好嗎？需要我為妳禱告嗎？」

沒想到，老奶奶竟然抓住女服務生的手，哭了起來。「妳知道我多麼想知道附近是否有基督徒！我先生現在躺在醫院裡，正準備接受手術。手術成功的機會渺茫，孩子又都不在身邊。人生地不熟，我實在不知道可以找誰談話！這個大城市不比鄉下，每個人都行色匆匆、冷漠無情。我向神禱告，盼望主加添力量，讓我撐過去；可是，我幾乎快要崩潰絕望，幸好遇到了妳！

「我差點就錯過妳了！這裡物價太高，隨便一家店的消費，都是鄉下一整天的伙食費，而且我們兩個老人家手頭也不寬裕。只是，我知道我一定得出來透透氣，否則會被壓垮。於是我不斷向神禱告，希望能遇到基督徒，讓我知道我不孤單。妳看！主垂聽了我的禱告。」

女服務生點頭道：「請告訴我您和先生的名字，我會為你們禱告，祈求神加添力量，讓您們在這裡的一切都蒙神保守、順利平安。」

一個人的力量或許微弱，不可能幫盡世界上所有需要幫助的人，但只要我們有力量，就要盡力協助他人。儘管我們並非無所不能，但機會來到，仍可做點什麼。不要拒絕做你能做的事，即便只是替陌生人端一杯水，或一個招呼問候。

人生的每個聚散離合都非偶然，都有神美好的旨意隱藏其中。也許一開始，我們不清楚神為何要我們遇見某人某事，直到事情末了，一切奧祕才揭開。

願每個人都成為他人最需要的援手，而非絆腳石。

不能做任何事情

有人做了一個夢。在夢裡，他發現自己身處很美的地方，正睡在一棵大松樹下。天空蔚藍，鳥兒歌唱，溪水潺潺，真難想像世界上還有比這裡更舒服愜意的地方。

這個人心想，這裡一定是天堂。

過了不久，他覺得肚子有點餓了，想找點東西吃；正這樣想時，出現了一名天使，帶來一桌美妙豐盛的菜餚。

因為食物實在太可口了，這個人不疑有他，便吃了起來。吃完後，覺得口渴，馬上有另一名天使帶著甘甜無比的水，供他飲用。

吃飽後，他繼續散步，讚嘆這個世界的美妙。走著走著，突然覺得睏了，這時又出現一名天使，帶來舒適的床，他便躺上床呼呼睡去。

當他再度醒來時，突然覺得有點毛骨悚然。「這到底是怎麼回事？為什麼我覺得體內充滿能量，很想做些什麼？」

此時，又出現一名天使。於是他告訴天使：「我現在體內充滿能量，很想做點什麼事情。」

沒想到，天使竟然回答他：「這可能有點困難。如果是你想要的願望，我們都可以替你實踐；但在這裡，你不能去做什麼。正確來說，你什麼都不能做，你只能休息。你可以享受所有你想像得到的願望，可以吃美食、住豪宅，過得非常舒適，只要動個念頭，就有天使替你達成。但是，你不能做任何事情。」

這個人心想，什麼事情都不用做，還可以享受舒服的生活，這裡的確是天堂了。

然而，才過沒幾天，他就開始覺得無聊。因為什麼事情都不必做，只要動個念頭，就有天使替他完成，而且辦得盡善盡美。

終於有一天，他再也受不了這種虛無的生活，非常生氣地大喊：「這算哪門子天堂？我看地獄都比這裡好！」

沒想到，突然有個天使現身對他說：「你以為你在哪兒？這裡正是地獄啊！」

輯 02

信仰讓人成長

三聖徒的禱告

中古時代，歐洲北方大地有個偏僻小湖，裡面住著三位聖徒。眾人都對三聖徒非常崇敬，成千上萬的信徒前往頂禮朝拜。

聽說三聖徒的事蹟後，當地大主教十分不安，因為，他從沒聽過羅馬教廷曾經冊封自己教區的人為「聖徒」。這三個人沒有經過教廷冊封或認證，頭銜到底是誰給的？

為了探究真相，大主教決定親自走一趟，搭船到三聖徒居住的地方。原來，三聖徒住在湖中的小島上，過著貧窮卻喜樂的生活。

大主教見到三聖徒後，直覺認為這三個人不但貧窮，而且沒有受過教育，甚至有點痴呆，怎麼可能是聖徒？他滿腹疑問地說：「你們住在這裡都做些什麼？外面謠傳你們是偉大的聖徒，請問你們是怎麼禱告的？」

這三個人說：「對不起，主教！我們沒有受過教會正式的教導，不清楚正確的禱告方式。但是，我們創造一種屬於自己的禱告，如果您不覺得被冒犯，我們可以禱告給您聽。」

主教說：「好，那就麻煩你們禱告吧！」

這三個人便說：「因為我們既笨又不識字，為了禱告，曾經苦惱很久。但我們知道自己信仰的神，是三位一體的聖父、聖子、聖靈，再三嘗試後，決定了一種簡單的禱告方式：『祢們有三個，我們也三個，請保守我們。』」

主教聽完三聖徒的禱告後，生氣地說：「這太荒謬了，我從來沒有聽過這麼荒謬的禱告詞，你們一定要停止這個禱告，因為實在太愚蠢了！」

三聖徒聽了之後，跪倒在主教腳下說：「請您教導我們正確的禱告方式！」

於是，主教便傳授經過教會認證的禱告方式。但是，這段禱告詞有點長，而且有點複雜，這三人智力有限，背了許久，才勉強記起來。三聖徒非常感謝大主教的教導，大主教也很開心能夠引導三頭迷失的羊回到教會。之後，便乘著小船離開了。

然而，船才離岸沒多久，大主教簡直不敢相信自己的眼睛，因為，三聖徒竟然行在水面上向他奔跑而來，邊跑邊大喊：「大主教，請等一等！剛才你教的禱告，有些段落我們忘記了。」

當三聖徒追上船後，大主教反而拜倒在他們腳下，說：「請您們原諒我的無知，您們的禱告沒有錯，請您們繼續以往的禱告就可以了。」

這則喻道故事是大文豪托爾斯泰寫的。《聖經．馬太福音》中，主耶穌說：「清心的人有福了！因為他們必得見神。」神最看重的禱告，是發自禱告者的心，重點不在禱告的形式或內容。三聖徒以單純真摯之心所發出的禱告，才是神真正喜悅的。

莫以外表論斷

有個國王，打算將國內所有衣衫襤褸的遊民和看似惡行惡狀的流氓全部抓起來，因為他認為，這些人不事生產，而且有礙市容觀瞻，於是派出士兵四處搜捕遊民與流氓。

一位大臣聽聞此事，馬上告假遠行。

一個月後，國王認為搜捕行動進行得差不多了，便把這些遊民、流氓聚集在廣場上，準備判刑。當國王親眼看見為數龐大的遊民和流氓後，內心更難掩憤怒。他站在廣場上，把這批人痛罵一頓，並決定將他們全部處死。

這時，囚犯中有個人站了起來，竟然是告假遠行、此刻卻衣衫襤褸的大臣。

大臣說：「令人尊敬的國王，如果在你的國境內，因為衣著襤褸就要被逮捕，因為面容凶惡就要被判刑，那麼以後將人人自危，因為你用服裝、外表將人定罪。未來，百姓們將以此為標準認定善惡，因為，國王就是如此評斷善惡。

「如果國王覺得人的內在價值不重要，這個國家會走到什麼地步？百姓們又有何可依循？」

不久後，這個國王就被人民推翻了。

還記得《聖經》上說彌賽亞「無佳形美容」嗎？若以外表論斷人，就算我們遇到神，也只會將祂視為衣衫襤褸的遊民。

類似的故事，托爾斯泰也曾經寫過。

有個人在禱告時，聽見耶穌告訴他，祂今天將來拜訪。這個人非常開心，於是在路上遇到窮苦、需要幫助的人，都一一施予援手。等到一日將過，這人才又想起早上耶穌告訴他的話。

在晚禱時，他滿心疑惑，因為他尚未見到主。此時，主耶穌的聲音出現了，溫柔地對他說：「你今天在路上遇到那些衣衫襤褸的窮人、病人、老人都是我，你不但遇到了我，還熱情地接待我，我很開心。」

衣衫襤褸的福音，是我們必須謹記的教訓。若以為世上的華美被永遠保障著，神終將把你的所有奪去，讓你嘗嘗衣衫襤褸、被人厭棄的滋味。

現在就共赴天家

有位牧師因年紀老邁，即將被主接回天家。臨終前一晚，神派遣天使向牧師說：「為了感念你的辛苦，你可以召一個會友和你一起共赴天家。」

牧師聽到天使的消息，十分開心，隔天一早，便聚集教會會友到會堂裡。牧師對著會友說：「我一生都在教導你們關於聖父、聖子、聖靈、天家、喜樂、平安的事，如今時間到了，我馬上就要返回天家，從今以後，再也無法對你們講道。昨天，天使對我說，神應許我帶一個人一起回天家，你們都知道神的恩典有多豐沛，不知道有誰願意和我一起走？」

牧師話一說完，原本以為會友們會爭先恐後爭取這個難得的名額，沒想到，整個會堂鴉雀無聲，弟兄姊妹們互相看著對方，心裡想著：「這人平時熱心服事、虔敬追求，應該會是他吧！」但這人卻也看著別人。總之，人人面色凝重，卻沒有一個人站起來。

過了半晌，教堂後方有個年輕人膽怯地舉起手。牧師原本很開心，以為終於有人想和他一起走了。沒想到，年輕人說：「我只是舉手而沒有站起來走向您，是因為我想知道：如何才能到達天家？我今天還沒有準備好。我手上的工作計畫才完成一半，這個案子對公司和我的前途都很重要；我上有高堂、下有妻兒，不能拋下他們不顧。另外，這週聚會我有服事，我不能拋下不管。

「總之，我今天還不能走，但我很渴望。總有一天我會去的，但不是今天。因此，我懇求您在最後時刻，告訴我們應該怎麼做才能到達天家。但請您了解，現在我還沒打算要走，我只想更清楚知道我該怎麼做，才能在死後回到天家。」

牧師聽完他的話後，臉上泛起了一絲苦笑。

平日，我們總是怨嘆生活壓力與重擔，嚮往來世永生的美好。但真正有機會過去時，卻很少人能夠拋棄名利、割捨欲望，全然放下世上的一切。

臨終的蛋糕

有位智者向弟子宣布自己的臨終日期後，便開始處理身後各項事務。極少數人能像他這樣，預先知道自己的死期。

這位智者的大弟子，非常敬愛老師。得知智者即將離世，想起老師平常最愛吃的一種蛋糕，不過蛋糕只在城裡販售，而他們卻僻居山裡。大弟子決定趕路進城，為老師買塊蛋糕，作為臨別禮物。

到了智者宣布的日子，所有弟子和前來探望的親友，都圍聚在智者身邊。眾人卻發現，智者好像在等誰似的。終於，下山買蛋糕的大弟子趕回來了，智者開口問道：「你終於回來了！買到蛋糕了嗎？」

弟子對於能及時趕上、還能奉上蛋糕給師父吃，感到非常開心。

這時，智者從弟子手中接過蛋糕，一點都沒有臨終瀕死之人的疲態，反而十分平靜，一口一口地吃了起來。

圍在智者身邊的人，感到十分不解。他們不明白這個老人明明今天就要死了，怎麼還像沒事一樣，津津有味地吃著蛋糕。

智者彷彿看穿眾人的疑問，開口說：「你們一定很困惑，為什麼我在享受蛋糕，沒有一點將死之人的疲態或害怕？那是因為我對死亡從來不害怕、不恐懼，不是我活夠本了，而是我的身體雖然老朽，但我的心卻天天年輕。」

這時，有人想把握師父最後的時間，請他說些勉勵的話，便開口問：「師父，不知道您還有什麼話要教導我們、或要我們記住的？」

沒想到，智者臉上泛起微笑，然後說：「嗯，這蛋糕真好吃！」說完，就平靜地過世了！

繞路並不一定遠

一位宗教領袖年輕時決定徒步前往聖地參訪。由於一切從簡，身上穿的袍子日漸老舊，皮膚也因為陽光長期曝晒而變黑。

有一天，他碰到一名商人。商人心裡認定，這位宗教領袖是走失的奴隸，於是趨前攀談。

「我看你談吐有禮、態度溫和。」商人說。接口又問：「你是奴隸嗎？」

「我是。」這位宗教領袖回答。

「那我先把你帶回家，等找到你的主人，再把你還給他，可以嗎？」

「可以，因為我找主人也很久了。」

這位宗教領袖替這名商人做了很多年的工，商人教他織布。

多年後，商人自覺愧對這名奴隸，便把他叫來：「其實，我不知道你究竟是誰，但你現在可以走了。」

於是，這位宗教領袖離開商人，繼續前往聖地。後來，他對人提起這件事，並說從不後悔做了這麼多年的工，導致較晚抵達聖地。因為他發現，在沒有名字的狀況下被當成奴隸，也是讓自己信仰成長的方法。

在生命旅途上，總會遇到大小不一、阻礙目標的障礙，或許有人會心浮氣躁，對這些挫折感到懊惱，恨不得盡快達到目標。

其實，正是這些障礙，讓我們抵達目標時更懂得珍惜所得。另外，無形目標的達成，例如修養的增進等，就是靠這些無端出現的挫折，才能提升。

《聖經》說：「患難生忍耐，忍耐生老練，老練生盼望。」（羅馬書五章3—4節）「老練」在英文版聖經中是character，品德、人格特質的意思。在患難中，我們才能夠修練品格，而這是追求信仰之路的人必經的磨練。

如果一個人說自己追求真理、上帝，卻常常因為生活中一些不如意就大發脾氣，又怎能說是真心誠意地竭力追求？

人生，有時候看似繞了遠路，但對於達成目標其實有幫助。

「一切都是必然，沒有偶然。」如果仔細留意自己的一舉一動，以及選擇所產生的後果，你就會明白這個意思了。

喜怒隨人心

有位修士急著趕路到某城鎮，途中路過一個村落，遇到一群討厭修士的人。這群人把修士團團圍住，不讓他走，並且開始出言奚落、汙辱他。僵持了好一陣子，修士發現奚落、羞辱聲逐漸變小，於是開口說：「現在可以讓我走了嗎？我有急事，非得趕路不可。如果你們想說的話都說完了，就放我走吧！如果還有什麼想對我說的，等我辦完事，一定回來聽你們說，好嗎？」

那群人聽到修士的話，心裡都納悶不解：「我們不是羞辱他、奚落他，甚至用髒話汙辱他和他的信仰，怎麼這個修士都不生氣、也不反駁？」

於是，當中有個人對修士說：「我們不是在告訴你什麼事。我們是在羞辱你、辱罵你和你的信仰！」

修士聽完後表示：「你們當然可以做你們想做的任何事情，沒有人能阻攔。但是，如果你們希望我因為你們的辱罵或奚落，而給你們想要的回擊或反應，我只能說抱歉了。

「如果是從前，我大概會很生氣。現在的我，已經懂得什麼樣的反應和行為才合宜，不會因為你們的辱罵就惡言相向。

「主耶穌曾經說過：『有人打你的右臉，連左臉也轉過來由他打。』羞辱我和我的信仰，並不會對我造成任何動搖。我知道我信什麼，不會因為你們的羞辱而改變！人對神的汙衊，也不會因此讓神變成不公義或邪惡！如果你們沒有話要說了，就請讓我走吧！」

神與農夫

有一天，一個農夫在禱告時對神說：「祢是神，或許祢創造了世界，或許祢可以呼風喚雨、無所不能，但我要告訴祢一件事：祢並不是農夫，對於農業祢一無所知。祢看祢，常常讓風雨破壞農作物，無法生長。」

神溫柔地回答：「那你覺得該怎麼辦？」

農夫說：「給我一年的時間。在這段期間，凡是關於農作的事情，祢都要照我的意思去做。如此一來，將不再遭逢農作物歉收與荒年。」

神很樂意地答應農夫。於是，農夫一切都要求最好的。最好的土壤、最好的種子、最好的氣候、最好的水源、最好的肥料，沒有強風、沒有雷雨、沒有破壞作物的害蟲。而且，想要陽光就有充足的陽光，想要雨水就有充沛的雨水，要什麼有什麼。

一年過後，農夫種植的麥子長得十分高大。農夫本來打算告訴神：「今年的作物肯定大豐收。」沒想到，到了收成時節，農夫非常驚訝地發現，割下來的麥穗裡是空心的，沒有麥子。

因為沒有挑戰、沒有挫折、沒有衝突、沒有摩擦，農夫讓一切順順利利，讓作物避開所有不良條件，反而讓麥子變得軟弱，無法成長。

挫折是生命茁壯的養分；沒有經歷挫折的生命，將無法長出碩壯的果實，無論植物、動物或人，都是一樣。苦難看似敗壞，其實對於萬物的生長無比重要。

輯 03

保持純潔的心

所羅門之冠

所羅門是以色列歷史上國度最繁華旺盛的君王。傳說，所羅門王充滿智慧，善於仲裁。

然而，在王權逐漸興旺中，所羅門卻忘記了自己的本質，開始讓私欲矇蔽眼睛，整個國家陷入不安渾沌。

有一天，所羅門王頭上的王冠傾斜了，從王的頭上滑下。所羅門王每次將王冠扶正，王冠馬上又滑下來，一連八次。

所羅門王受不了王冠戴不正，開口問：「王冠啊！你為何老是滑下來，遮住我的眼睛？」

王冠說：「我不得不如此啊，陛下！當你被權力矇蔽仁慈之心時，我就必須讓你看見你現在是什麼樣子。」

所羅門王一經王冠提醒，馬上下跪，懇求神的饒恕，於是，王冠馬上恢復端正。

當失敗或錯誤發生時，一般人多習慣於「外在歸因」，認為是世界的錯、別人的錯，並把自己當成無辜受害者；很少有人能夠「內在歸因」，探索自己，了解自己可能就是造成失敗與錯誤的主因。

如果犯錯與失敗的人只是一般百姓，那麼造成的傷害或許只限於個人或家庭，還可能有親人好友的提醒與幫助。

犯錯的如果是公司老闆、主管，造成的傷害可能波及一個公司數百到數萬人的家庭，但還可能有公司顧問或其他前輩的提醒和幫助。

如果犯錯的是一國之君，那麼，他的犯錯與失敗，可能導致千千萬萬人流離失所與痛苦，並因為身邊的人都是既得利益者與畏懼權勢者，沒有人敢提醒君王犯錯的原因，造成不可收拾的後果。

牛脾氣

有個人對自己老是不由自主地發脾氣，感到很挫折。有一天，他聽說有位牧師非常屬靈，從不發脾氣，於是，前往請教控制壞脾氣的方法。

「牧師，聽說您修養非常好，從來不會發怒。請問要怎麼做，才能控制自己的脾氣，不會輕易罵人？」

牧師回答：「你說你脾氣不好？請你示範給我看看，你是怎麼發脾氣的？」

這個人回答：「可是，我現在沒有生氣，沒辦法發脾氣給你看。」

牧師說：「那不然，請你生氣的時候，再帶著脾氣來找我。」

「可是我沒辦法控制脾氣啊！脾氣說來就來，說走就走，等我到你這裡的時候，脾氣已經發完了。」

牧師慢慢地說：「照你這樣說，所謂的脾氣究竟藏在哪裡？為什麼要你拿出來也不能，請你帶來給我看也不能？如果都沒辦法，代表脾氣並非你真實本性的一部分，它並不會如影隨形地跟著你，否則，你應該隨時都可以拿出來給我看才對！也就是說，脾氣的來源是外在，而非內在。

「你之所以會不由自主地生氣，並非脾氣的關係，而是外界造成的。我建議你，如果發現自己要生氣，就馬上離開那個讓你生氣的環境；如果無法離開，就拿棍子打自己，打到你的脾氣再也受不了而離開你的身體為止。你覺得如何？」

牧師請這人用棒子打自己，半是玩笑半是真實。牛脾氣的主因在於自己，因為過於看重自己、尊己為大，很容易對冒犯自己的人感到憤怒，便會發脾氣，企圖以怒氣恐嚇對方離開。絕大多數的時候，生氣與其說是責怪對方，不如說是同情無力反駁的自己。

人如果能夠放下自我、凡事順服，就不容易發脾氣了。「若是出於神」，必有我們測不透的旨意。此外，「伸冤在主」，無須為了別人主觀的意見或想法，讓自己難過或發怒。

不是為了生氣而種花

有位夫子十分喜歡蘭花，除了講課教學外，其他時間幾乎都在照顧蘭花。

有一天，夫子應邀到外地講課，臨出門前，交代一名弟子好好照顧蘭花。夫子出門後，這名弟子非常仔細地照顧蘭花。不過有一天，他卻不小心把夫子最鍾愛的一盆蘭花給摔破了，蘭花掉落滿地。這名弟子嚇得不知如何是好，其他弟子也為他擔心。

過沒幾天，夫子回來，發現弟子個個若有所思、心神不寧。於是，召來眾弟子問個清楚。

沒想到，當夫子得知蘭花摔落後，並沒有絲毫怪罪，反而說：「我種蘭花，一來是興趣，二來是美化環境，並不是種來讓自己生氣的啊！」

人們常常牽絆太多、得失心太重，導致失去某樣物品或某件事情未能如願時，便亂發脾氣。

試想，「我結婚不是為了讓自己生氣」、「我生兒育女不是讓自己生氣」、「我交朋友不是為了讓自己生氣」、「我上餐廳不是為了讓自己生氣」。常常這樣思考，就不會在遭遇挫折時，為了短暫怒氣的發洩，失去了更重要、更值得珍惜的事物。

向門和鞋子道歉

有名學者跑去見一位相當知名的修士，渴望尋求平靜喜樂。因為，他被一些問題困惑，心情煩躁不安，已經持續很長一段時間了。

當學者到達修道院時，內心的壓力已經大到一觸即發。脫鞋的時候，由於鞋帶纏住，學者不耐煩地用力扯開鞋帶，並把鞋子摔到門邊。

學者的煩躁，修士都看在眼裡。

接著，學者進到修士房間，向修士問安。

修士對學者說：「我不接受你的問安，你得先向門還有鞋子道歉。」

學者覺得很困惑，說：「向門道歉？向鞋子道歉？為什麼？您怎麼了？它們又不是人，為什麼要跟它們道歉？」

修士說：「當你將憤怒發洩在那些沒有生命、不會有反應的物體時，就好像門和鞋子與你有深仇大恨。請你去向鞋子和門道歉，否則，就請回去吧！」

學者聽完，覺得莫名其妙，但一想到自己大老遠跑來見修士，就是想請教平安喜樂的方法，好卸除心情不安，只好忍著一肚子火，向門和鞋子道歉。

學者走到鞋子旁邊，對鞋子說：「我的朋友，請原諒我的無禮。」又對門說：「我的朋友，請原諒我用鞋子攻擊你。」

就在學者心不甘情不願地向鞋子和門道歉時，他的心裡竟然意外地產生不一樣的變化。煩躁的內心突然有些什麼浮現，那是一種平靜、安穩、祥和的感受，一種放下的解脫，讓他長久鬱悶的心，突然得到釋放。

當學者驚訝於這小小的道歉竟然帶來這麼大的安慰時，修士開口說：「怎麼樣？煩悶是否比較釋懷了？

「當你注入愛來行動時，便與世界和好，修補了原本斷裂的關係，心情也會愉快許多。因為你的舉動，你和我也建立起和諧的互動基礎。如果日常生活的一舉一動，你都能像對門、對鞋子道歉般地敬虔並且充滿愛意，內心將逐漸平靜安穩，不再煩躁痛苦。」

一個人不能事奉兩個主

有一個年輕人，渴望追尋真道，於是到了修院，懇求院長收容他為修士。他說，願意把一生獻上，竭力追求神。

院長聽完年輕人的乞求後，問了一些關於年輕人的事情，了解他的生活光景，就對他說：「你先回去吧！你的答案會送你去想去的地方。」

年輕人離開後，院長找來一個平日對修院樂於奉獻，並且十分敬重院長的商人，對他說：「可否麻煩你，到某某人（就是那位年輕人）家中，不要說你認識我，也不要說是我請你去的，然後請他到你的公司上班，給他穩定的工作和優渥的薪水。看他表現之後，視情況加薪或升官。若是可用之才，請委以重任。」

不久之後，那名原先想成為修士的年輕人給院長寫了一封信，信裡提到：「我懇求您的原諒，我沒辦法進修院成為修士了。我雖然很想將自己奉獻給神，但是，最近不知道怎麼回事，竟然有天大好運降臨，全國最大企業集團的老闆，找我到他們公司上班。這個老闆相當器重我，為了不辜負他的信任和委託，我必須全心全意投入工作，替家人掙錢。」

聖經上說，一個人不能事奉兩個主，不能同時愛神又愛瑪門（財利）。我們都以為自己是愛主的，特別是在患難、逼迫、重擔臨到的時候；然而，當我們飛黃騰達、工作滿檔時，往往只能懇求上帝原諒，讓我們告假去處理世俗的一切。

輯 04

別讓生命虛度

琴弦的鬆緊

有一天，牧師到一位開樂器行的教會會友家探訪，這名會友專賣小提琴，也是個非常出色的小提琴整備師父，許多人都把琴送來請他保養維修。牧師聽說這名修琴師父每天都十分賣力工作，從早到晚埋頭修琴，但對於修琴以外的事情都沒有興趣，以致家庭氣氛、親子關係不夠和諧。

於是，牧師對修琴師父說：「請問您，如果小提琴的琴弦太鬆，能夠拉出音樂嗎？」

修琴師父笑著說：「不可能，不但拉不出音樂，連聲音都拉不出來。」

牧師又繼續問道：「那如果琴弦太緊，能拉出音樂嗎？」

修琴師父又笑了，說：「那也不可能，如果琴弦太緊，一搭上弓，弦可能就斷掉了，根本不可能有音樂。」

牧師又問：「那請你告訴我，怎麼做琴才能夠拉出音樂？」

修琴師父說：「必須將琴弦調整到某一個中央最適點，琴弦既不會太鬆，也不會太緊。琴弦要正好在那個中心點上，不偏不倚，才能夠發出美妙悅耳的聲音。這可是門大學問。」

牧師聽完，也笑著說：「我來請問你這些，並沒有其他意思，只是想提醒你，人生就像琴弦一般，不能拉得太緊，也不能放得太鬆。你的生活被工作繃得太緊，生命之弦已經快要斷了，自己卻不知道。你應該調整自己的琴弦，讓生命之弦維持中道，讓生活各部分都協調平均。唯有如此，才能演奏出美妙的生命之歌。」

比較之心

有一天，蘭斯洛騎士（亞瑟王身邊武藝最高強的騎士）到梅林家拜訪。蘭斯洛爭戰沙場，曾為亞瑟王立下過無數汗馬功勞；然而，蘭斯洛卻發現，每當看著梅林及他展現出來的優雅風度時，突然覺得自己卑微渺小，覺得自己非常低劣。

蘭斯洛不解地問梅林：「為何我看到你的舉止後，深深覺得自己遠不如你？在我踏入你的住所、看到你的前一秒鐘，都還好好的；之後卻覺得整個人非常渺小。自我跟隨亞瑟王以來，常常面對死亡，也從不害怕；為何現在我在你面前，卻不由自主地懼怕？」

梅林說：「等訪客走了之後，我再回答你。」

然而，梅林家一整天訪客川流不息，前來拜訪、感謝、慰問、求助者接連不斷。到了深夜，客人們總算都走了，蘭斯洛也等得十分疲累。

梅林說：「我們一起到院子散散步吧！」

那天的夜空，月亮高掛，星斗滿天。微風輕輕吹拂，十分宜人。

梅林說：「你看到庭院裡那些樹嗎？其中一棵高聳入雲，已經生長數百年。旁邊這棵小樹，是這兩年才種下的。但是，兩棵樹之間，從來沒有任何不和，相安無事。小樹從來不覺得自己比大樹低劣，我也沒聽過小樹害怕那棵大樹。」

蘭斯洛說：「那是因為它們不會比較！」

梅林說：「是啊！其實根本不需要我回答你，你早就知道答案了。」

俗話說得好：「人比人氣死人。」許多人覺得自己比別人差、比別人窮，不夠有錢、不夠快樂……，不是因為真的不夠，而是比較之心作祟。永遠看著那些比自己強、比自己好的人，會導致欲望無法滿足，也無法感到生活愉快了。

誰都沒有權利浪費

有一次，德蕾莎修女搭乘從倫敦返回加爾各答的班機。在飛機上，她發現這些飛機餐比加爾各答的兒童之家和臨終之家的菜色好多了，心想，如果孩子和病人也能吃到這些餐點就好了。

然而，她發現飛機上有許多人都不吃這些餐點。德蕾莎修女忍不住問空服員：「你們平常都怎麼處理這些沒人吃的餐點？」

空服員微笑回答：「等飛機著陸就全部丟掉了。」

德蕾莎修女驚訝地說：「全部丟掉？」

空服員更肯定地回答：「是啊！全部丟掉。這是標準程序，因為這些餐點已經沒有用了。」

聽完空服員的話，德蕾莎修女非常難過。她想，世界上有這麼多窮人沒有午餐、晚餐可吃，他們一輩子撿垃圾裡的食物維生，終其一生，沒吃過一次像樣的餐點。航空公司卻要把完整的食物當垃圾處理掉，如果能把這些食物帶回去給窮人吃，那該有多好。

於是，德蕾莎修女問空服員：「你可以把那些沒人吃的餐盒都給我嗎？反正你們要丟掉，不如給我吧！」

德蕾莎修女的話讓乘客和空服員相當吃驚。但空服員還是微笑地說：「好的，請您帶回去吧！除此之外，還有許多沒動過的午餐，也讓您一併帶走。」

德蕾莎修女回到修會後，便對修女說：「以後，我們去把機場所有剩下的餐點都拿回來給孩子吃，大家也可以吃。」

她的想法很快就獲得各個機場的支持。於是，德蕾莎修女再度幫窮人和孩子們募到許多豐盛的食物。

德蕾莎修女曾說：「世界上的資源，特別是食物資源，是非常有限的。它屬於所有人，不管你是誰，都沒有權利揮霍浪費。每個人都有義務讓這些資源獲得最好的利用。」

浪費是一種罪，而且是我們最常忽略的罪，因為我們身處富裕社會，物資隨手可得，但同時也浪費得相當驚人。

在這個世界上，代表富裕的肥胖人口第一次超過了代表貧窮的瘦弱人口。即便如此，全球仍有二、三十億人處於貧窮困乏的生活。因此，沒有人有浪費的權利，必須懂得珍惜身邊所有。這不是金錢多寡的問題，而是態度。

浪費是一種罪，因為浪費的人不懂得節制、不懂得感恩、不懂得分享，認為所有的享受都是自己賺來的。一個充滿私欲的社會，是不可能和諧共處的。

林肯的舉手之勞

南北戰爭期間，林肯總統常常巡視前線，到醫院探望受傷的士兵。有一次，他看到一名垂死的士兵，便走過去問道：「有沒有需要我幫忙的地方？」

士兵沒有認出林肯（當年大眾媒體不如現在發達），他掙扎著最後一絲力氣說：「能否替我寫封信給我母親？」

林肯拿了紙筆之後，便記下士兵要給母親的話：

「最親愛的媽媽：我在執勤的時候受了重傷，恐怕無法復原了，請不要為我難過。替我問候瑪莉和約翰。願上帝祝福您和爸爸。」

士兵身體實在太虛弱了，幾乎無法說話，於是，林肯在信的最後簽名，加上了：「亞伯拉罕・林肯為您的兒子代筆。」

士兵想看看信，當他發現是總統替他寫信時，顯得非常驚訝：「您真的是總統嗎？」

林肯溫柔地看著年輕士兵，輕輕地說：「是的！」然後又問他還需要什麼樣的幫助。

「您能不能握住我的手，陪我走完最後一程？」

林肯毫不猶豫地握住士兵的手，在這混亂的前線病房裡，說了許多溫暖的話，陪年輕士兵走完人生最後一程。

人，不見得有機會做大事，但肯定能隨時做點小事，特別是替他人而做的。

信誓旦旦的空頭支票

有個修士一次到朋友家中拜訪。當他用餐之際，突然想起那頭載了他一整天的驢子還沒吃東西，便向朋友家中的管家說：

「有勞你幫我到馬廄去，把大麥和稻草和在一起餵養我的驢子，謝謝。」

管家說：「這些小事無須您操心，我會料理妥當。」

「請你務必先用水將大麥弄濕，因為我的驢子年紀已大，牙齒鬆軟，無法咀嚼硬物。」

「這些小事實在無須您操心，我都了解。真的！」

「能不能請你幫我把座鞍卸下，替牠抹些膏藥。一整天下來，牠難免有些擦傷。」

「我伺候過千百位客人，沒有人對我的服務不滿意。今天您在這裡，就等於是主人的家人，身為管家的我怎敢不敬。請不要擔心，好好休息，您的驢子我會照顧妥當。」

「可以再請您幫忙取一些溫水，加入大麥之中嗎？」

「先生，我覺得您這樣是小看我的能耐，又不信任我！」

「再請您將馬廄上的石頭和糞便清掃乾淨，換上些乾淨的沙土。牠喜歡乾爽的環境！」

「拜託，先生！這些我都懂，把事情交給我就好了吧！」

「那您會替牠梳毛嗎？牠喜歡被梳毛！」

「先生，這些無須您吩咐，本來就是我分內的工作。」

管家話說完，為了表示抗議，在修士還打算繼續交代的時候，突然轉身離開，上街和朋友聚會去了。一整夜都沒回來。

修士的驢子非但沒有被梳毛，馬廄的髒汙沒有被清除，就連大麥和稻草都沒吃到半口。又老、又餓、又累的驢子變得極為虛弱，躺在馬廄裡氣喘吁吁。

人一生中一定會遇到像這位管家一般，信誓旦旦開著空頭支票的人。這些人千承萬諾地答應，就是為了要取得你的信任，聽似滿腹熱忱，卻沒有半句承諾確切完成。這些人好話說盡，好事卻一件都不做。表面上，看似對你關懷備至；暗地裡，根本不在乎你的死活。

千萬不要被世間的甜言蜜語所迷惑，所有你認為重要的事情，都應該親自動手，或至少找個你信任的人去處理。千萬別把事情交代給陌生卻口蜜腹劍的人，否則，下場就是要花更多時間收拾善後。

人活著需要多少東西

從前，中國鄉下住了一個貧窮的農夫，他辛辛苦苦努力耕種，終於存了點錢，讓生活過好一點。

然而，農夫仍不滿足他所擁有的田地和財富，一直希望能有更多田地耕種，好賺取更多的錢。

有一天，農夫聽說某村莊可以用很便宜的價格買進大量土地，於是，變賣所有家產趕往該地。

到了那個村莊，村長向農夫說：「從明天日出到日落之間，只要是你走過並且繞成一圈範圍裡的土地，都將屬於你。不過，如果日落前你趕不回出發點，那就當做一切都沒發生。而且，沒有第二次機會。」

農夫聽完村長的話，心裡盤算著自己一天能走上三十餘里路，若拚命趕，應該可以走得更遠，如此繞成一圈，想必是很大一片土地。他想，明天以後就是大地主了，十分開心，整夜不成眠。

隔天天一亮，農夫就馬上出發。他看著眼前遼闊的土地，全想據為己有，憑著一股氣，加緊腳步往前走，根本沒有停下來休息、吃飯、喝水。

沒想到，興奮過頭的農夫，走了一整天，走得非常遠卻不自知，回過神時，才發現太陽快要下山了，於是趕緊回頭，朝出發點狂奔。

最後，農夫總算在日落前趕回出發點，就在村長稱讚農夫贏得大片土地的同時，農夫竟然從口中吐出鮮血，沒多久就斷氣了。而此時，太陽也剛好下山。

村長幫農夫挖了一個洞，把他給埋了。那個洞的大小，正好是埋葬農夫軀體所需要的全部土地。

就算賺得全世界

有一個老闆一輩子努力賺錢，購置大量田產、房屋，並出租房地收取租金。他還開辦銀行，經營合法高利貸；開設工廠，剝削員工；進出股票市場，買空賣空；全年無休忙著分析貨幣走向，搶低賣高。短短幾年，累積了億萬家產。

有一天，他覺得累了，想要好好放自己一年假，把公司和田產交給屬下打理，舒舒服服地享受這輩子努力的成果。等環遊世界回來，再決定要繼續打拚，或是就此收山，安享餘生。

正當老闆下定決心時，死亡使者來了，說：「你的壽命已盡，我要帶你走。」這個老闆慌了，找盡各種理由說服死亡使者，希望別帶他走。但死亡天使根本不理會，於是老闆說：「那給我三天就好了，我把財產的三分之一給你。」

死亡使者沒有答腔。

這個老闆既無奈又惶恐，改口說：「那兩天就好了，我把一半的財產都給你。」

死亡使者依然沒有說話。

老闆心裡更慌了，最後心不甘情不願地說：「那我把所有的財產都給你，只求你讓我多活一天！」

死亡使者這下開口了：「你的財產對我來說毫無用處，我何必做這種沒有好處的買賣？秦始皇、唐太宗、成吉思汗、亞歷山大、拿破崙、曹操、劉備，哪個不是我帶走的？你那點小錢和小成就，比起這些人，根本連九牛一毛都不如。別說廢話了，跟我走吧！」

老闆這下子終於絕望了，但還是乞求死亡使者給他一點時間，讓他寫幾句遺言。

這次死亡使者答應了。

於是，老闆在紙上寫著：「人啊！應該好好利用活著的日子。人活著，不只是賺錢而已；我散盡家產，卻連想多活一天都買不到。」

許多人害怕貧窮，因此拚命賺錢，以為有錢之後可以過好日子。然而，他們卻沒想到，有錢之後，反而想要更多的錢，於是又更加努力賺錢。

等到有一天，身體再也沒辦法工作，人們才發現自己所賺的錢，已經變得毫無意義，也無法買回失去的健康。

時間和金錢該怎麼取捨，每個人情況不同，但兩者的關係，實在值得好好思考。

《聖經》說：「人活著不單靠食物。」若將食物比擬成世間物質成就，便不難理解了。《聖經》又說：「人若賺得全世界，賠上自己的性命，有什麼益處呢？人還能拿什麼換性命呢？」

輯 05

轉換思考角度

一份哲學

小時候，家裡經濟狀況不算好，只靠父親一份公務員薪水養活一家四口。不過，成長過程中，卻不曾感到貧窮，該吃的有吃到，該玩的有玩到，身上穿的也不比別人差，這一切，當然得歸功父母持家有方。

物質上不感匱乏，最重要的原因，就是母親獨特的「一份哲學」。

例如吃飯，總是三或四菜一湯，湯大約一人一碗的分量；菜餚中則必有一道葷食，其他就是青菜。葷食較貴，最常吃豬肉，偶爾奢侈，會有水煮蝦。但因為肉食與蝦有限，母親總會在上飯桌前，先叮嚀我們，一個人只有一份（豬肉一片或蝦三、四隻）。至於飯，也是一碗，一定要吃完，而且不能無限添加，除了省，其實也健康。

除了三餐，母親還會準備點心飲料。夏天通常是自製粉圓、綠豆薏仁，冰箱裡有些養樂多，冷凍庫則有自製冰棒，以及用養樂多、綠豆薏仁做成的冰沙。這些點心雖然儲存了一定分量在冰箱，每天也只准吃一份，不能多吃。

對了！家裡還會有「乖乖」。「乖乖」是在軍公教福利中心買的，一打十二包，回家後，母親便收進儲藏櫃，等到孩子想吃時，拿出一包。至於外食，機會極少，而且絕不去速食店吃垃圾食物。

久而久之，自然養成「一份哲學」，吃喝都只一份，不再貪求，既有滿足感，也不會因為多吃，產生負面效應。雖說母親是為了省錢才這麼做，無形中卻為我們培養了良好的生活態度。凡事一份就好，只取自己那一份，絕不過量，也不拿不屬於自己的；而且人人皆有，也很公平。更令人感動的是，父母常會從自己那一份中省下一點，分給兩個孩子。

反觀這幾年的台灣社會，絕大多數家庭都比我小時候富裕，喊窮的人卻多了。物價上漲、經濟不景氣、調薪停滯固然有關，不過在多元社會下，打工賺錢的方法其實也很多。因此我認為，變窮的原因，在於毫無節制的取用，欲望無窮；薪水有限，自然變窮。

如今想來，不禁感念母親潛移默化下的「一份哲學」，讓出外求學、工作的我，不知不覺受到「一份」所制約：吃只吃一份，拿只拿一份，有錢或許吃好一點，沒錢吃差點，但都不至於感覺物質匱乏或焦慮，每天心安理得、自自在在。

「一份哲學」看似平凡，卻是美好生活的基本功；否則，我肯定像時下一般孩子，無止盡地貪欲渴求，要不到就哭、鬧、吵，直到弄到手為止。想想，這樣的孩子長大後，不知道會為了滿足欲望做出什麼事情？

在美國，曾經有小孩為了運動鞋而殺人；在日本，有女孩為了名牌包而援交。我想，與其說是利慾薰心，不如說是家庭沒有教導孩子學會節制，只取自己當取的那一份！

生命中最重要的

你覺得，生命中最重要的是什麼？身體健康、金錢無虞、受人敬仰？還是兄友弟恭、父慈子孝？

以上都很重要，但還有更重要的，那就是源於愛的寬恕能力。一個懂得寬恕的人，才能真正放下仇恨、偏見，去實踐大愛。寬恕是人一生中最重要的價值觀，有了寬恕，再多的不堪與傷害，都會讓人擁有超越、克服的力量。

人類居住的世界，充斥著許多想解也解不開的複雜仇恨，例如二次戰後猶太人建國，導致中東地區恐怖主義盛行，連年死傷。這些仇恨已經纏繞上千年，雙方互有對錯，早已無法釐清責任。其中，有人主張以眼還眼，卻也有人選擇寬恕，放下仇恨。

對受害者來說，有些傷害造成了，就無法彌補，即使拿命來換，都取不回原本失去的。對個人來說，願意寬恕，至少不必活在隨時準備報復的負面情緒中，不再豢養仇恨怪物，進而毀了自身的幸福。

願意寬恕，也不代表認同被寬恕者所犯的錯，更不是從此遺忘歷史悲劇。寬恕是因為我們了解，唯有寬恕，人類文明才可能繼續往前，才能讓彼此從仇恨中解脫，不再被黑暗勢力捆綁，並謹記過往教訓，阻止錯誤一再發生。

如果每個人都願意寬恕傷害我們的人，不再記念舊惡，全然言歸於好，這世界會有多美好！如果人們不再互相責怪、攻擊，讓愛和關懷滋長茁壯，那該有多好！

寬恕的人也可能遭到背叛，但他仍願選擇寬恕，並不是為了博取美名，也不是虛情假意，而是真心誠意地相信寬恕帶來的心靈釋放。寬恕是非理性的、不合邏輯的、出人意表的，也是常人力所未及的寶貴特質，但當人們決定寬恕的瞬間，正是結束惡夢、超凡入聖的開始。

有時候，我們不願寬恕，不是因為對方的錯，而是害怕自己的面子、自尊掛不住，結果可能導致爭贏了道理，卻輸掉更多。男女或親子感情，就是最常見的例子。

當你所愛的人犯了嚴重的錯誤，而你得理不饒人地數落對方，最後，你可能贏得了道理，卻輸掉了情感；對方在這段不平衡的關係中受傷、低頭，最後出走、感情決裂，這樣的結局並非自己所樂見。何不早早以愛寬恕對方，即便對方還沒向你道歉。

試著改變看事情的角度，放下對問題痛苦焦慮的執著，找到讓你寬恕的關鍵點，當自覺受傷或旁人對不起你時，便回到那個點上。一旦我們學會寬恕，生命將會更健康、更快樂，面對人生不如意時，也能夠處之泰然。

寬恕是不憎恨可憎恨的人。

——日本俗諺

心靈白內障

白內障是一種眼疾，標準的一種老人病。主因是人體老化，眼球的透明水晶體硬化混濁，光線穿透不良，導致視線不佳，視力有如霧裡看花。之所以稱為白內障，是因為患者的眼睛，如同煮熟魚眼睛內那顆白硬的核；活魚的眼睛原來也是透明的，煮熟後才變白、變硬。

早期的白內障，可靠眼藥水控制，延緩病情，如果病情嚴重，必須開刀取出，換入人工水晶體。不過，眼睛的白內障好治，一旦人們患了「心靈白內障」，就不是那麼容易治療了。

染上心靈白內障的患者，視野將日漸狹隘，凡事只看得到自己想看的，以自我為中心，看不見世界上還有其他人存在，不懂得體恤，只知道要求別人。

每當一群人聚在一起時，他就厚臉皮地想占他人便宜。工作時，只想白搭組織便車，渾水摸魚；在家裡，則不分擔家務，茶來伸手、飯來張口；和伴侶相處，也只享權利，不盡義務。

看報紙、電視時，抱怨社會上的光怪陸離；自己不會賺錢，就責怪政府高官貪汙腐敗；工作不努力，卻責怪主管無能又好管閒事；自己把垃圾、鞋子堆滿樓梯，卻老是責怪鄰居吵鬧沒水準；自己不怎麼孝敬父母，卻成天責怪年輕人不懂禮貌，看到老人也不讓位；開車橫衝直撞、超速闖紅燈，卻成天抱怨交通很差；不時亂丟垃圾，卻抱怨臺灣環境髒亂；拿一堆公司發放的文具回家，卻抱怨公司老是不賺錢。

心靈白內障的患者不斷以主觀經驗與個人偏見作為評判世界的標準，律己甚寬，待人卻嚴厲無比，批判別人毫不留情。別人一個不小心犯在他手裡，馬上得理不饒人、連珠砲似地猛轟。

例如，逢年過節或晚餐時段，餐廳總是人多，服務生難免人手不足，掛一漏萬，但心靈白內障患者可不管這麼多，認為自己花錢是大爺，理該被當成上賓款待，忍受不了一點委屈等待，稍不如意便破口大罵，責怪餐廳沒有水準、東西難吃，盡是挑剔。不相信嗎？下次吃飯時留意，肯定看得到。

患有心靈白內障的人其實很可憐，他們多半社經地位不差，高學歷、收入不錯，出入有名車代步，還可能住在千萬豪宅，隨時有傭人使喚。然而，正是因為社會地位太過穩固，生活太過一成不變，日子過得太安逸，心靈就慢慢老化、硬化、腐化，看事情如霧裡看花。成天認為這個世界與他作對，人人都要找他麻煩，心裡充滿憤恨、埋怨，日子過得一天比一天痛苦、虛無，幸福也因此越離越遠。

其實，醫治心靈白內障也有良方。抱持謙虛開放的心，保持吸收新知的心態，每天閱讀，不要先入為主，多站在別人的角度思考，一切以他人的需要為念，心靈白內障就能不藥而癒。

真正的貧窮

德蕾莎修女認為，當今世人除了渴求麵包，更渴求愛，希望自己成為別人需要、關愛的人。每個國家都有窮人，但許多人的貧窮展現在精神上，而非物質匱乏；這些人寂寞、失望，找不到生命的意義，沒有盼望。

物質的貧窮，只要麵包、衣服、房屋就可以補足；心靈的貧窮，卻需要無盡的愛與關懷。我們很容易關切遠方的窮人，卻常看不見鄰人的貧困與需要。

真正的貧窮，不是沒有衣服穿、沒有食物吃；那種被人遺棄、不受關懷、遭到忽視的痛苦，才是最可怕的。而這些人就在我們周遭，可能是鄰居、朋友甚至家人。唯有服務他們，我們才能活得像耶穌，成為神憐憫世人的見證者。

不過，窮人需要的，不是憐憫或同情，而是實際的幫助。在幫助窮人的過程中，收穫最多的，將是自己。

富裕國家的人們精神上的貧窮，可以說是窮人中的赤貧，因為他們欠缺的精神食糧，遠超過有形的食糧。除非富裕社會的年輕人，真切體會何謂「一無所有」，否則，將無法了解基督所受的苦與貧窮生活的真意。

富有的人，常任憑欲望淹沒心靈，他們大吃大喝，一個欲求連接另一個欲求，不斷增添個人「想要」，結果，無法控制自己貪求的心。一個人，唯有保持貧窮的心，才能讓主將他填滿，獲得真正的富足。

有時候，貧窮反而是一種自在。因為貧窮，我們深知目前擁有的，不可能永遠屬於自己，於是，願意分享自己的一部分或全部給他人。既然如此，也不會為了這些身外之物，向人彎腰屈膝、低聲下氣。這就像耶穌回答少年官如何才能承受永生所說的：「要變賣你一切所有的……來跟從我。」

陶土與鑽石

陶土與鑽石，你覺得哪一種東西比較有價值？

或許你會說：「廢話！當然是鑽石。」

沒錯，即便還沒打磨的鑽石原礦，都比陶土有價值千萬倍。

如果說，鑽石就像萬中無一的天才；那麼，陶土則像平凡人，到處充斥，隨時可以取代。

不過，如果出現一位大師，充分了解陶土特性，便可以將陶土揉捏燒製成舉世無雙的藝術品。

據說，在日本，某些大師燒出來的茶碗，價值萬金，如果是年代久遠的古物，更是無價之寶。

可見，事物的價值，並不是看它原本的模樣，而是看最後的結果。中國諺語說：「英雄不怕出身低」、「將相本無種」，大概就是這個意思。

多數取得非凡成就的人，並不是像鑽石般閃耀的天才，反而絕大多數都像陶土般平凡無奇，努力接受外在環境鍛造打磨燒冶，才得以成就。

陶土想成為名貴的茶碗，需有大師手藝；凡人想要有所成就，也得經得起環境的考驗和折磨才行。

聖經說人是天父按其形象和樣式所造的，那麼，天父豈不就是捏製我們這些平凡陶土的大師嗎？每位弟兄姊妹都有被大師捏製成名貴茶碗的機會，問題在於，能否承受捏製過程的艱辛。

《聖經・羅馬書》說：「患難生忍耐，忍耐生老練。」《聖經》更應許我們，神不會給我們無法承受的試煉。一切困境終將靠主超越、得勝。

下一次，當我們碰到人生中難以跨越的困境時，不妨換個角度想，或許是神在模塑我們，希望我們能夠成為名貴的器皿。走過死蔭幽谷後，就能明白神的豐富與奧妙。

電子萬年曆的啟示

現在的手機功能強大，幾乎都會配備一個電子萬年曆。使用者可以相當便捷地在電子萬年曆上輸入待辦事項，無論是重要會議時間、地點、主旨，或是私人約會行程，甚至親朋好友生日，大小事項全都可以幫你記牢。此外，還有貼心的鈴響設定，指定日期來到之前，會以鈴聲知會你，真是太方便了！

平常搭公車或無聊時，我會拿出手機，翻到電子萬年曆上，先查看有什麼待辦事項，或者已完成卻還沒刪除的。有時候，玩著玩著，便會一時興起，把電子萬年曆不斷往後拉。

在翻萬年曆的過程中，心境會出現奇妙的變化。一開始，只是以週為單位跳離「今天」，然後是月，接下來是年。通常拉到三、五年遠的時候，會有種奇妙的感受。然後，天外飛來一筆問自己：「這時我會在哪裡？還會做現在的工作嗎？朋友和家人是否安好？」

隨著萬年曆拉遠到十年以上，開始有豁然開朗的清明感，對於現實中讓自己困惑不安或焦慮未解的壓力，瞬間感到輕鬆。想到十年後的自己，不太可能再為眼前的事情疑惑不解，便覺得眼下把困難看得太重，是一種偏執。

萬年曆遊戲，幫助我離開「今天」、離開「現在」，拉高、拉遠了看待生命的視野。於是，我想，如果人能把自己拉到像上帝一樣的高度來看世界、看自己，肯定會是很不一樣的光景，所做的判斷也會大不相同。而這或許正是我們常常在難關當頭、向上帝祈求卻不蒙應允，事後才驚覺上帝有更深、更美好的安排之因吧！

再換個角度想，便覺得上帝真是愛我，即便祂身處至高、自有永有，卻仍然願意賜下寬闊高深的愛給世間這麼多微不足道的人，除了訝異、感動、順服接受從祂而來的白白恩典，盡力回應上帝外，我不知道還能說些什麼！

有事沒事，不妨多看看自己手機裡的電子萬年曆，看看三年、五年、十年後的「今天」，想想那時候自己在做什麼、過怎樣的人生？上帝又希望我們過怎樣的人生？那麼，對於眼前感覺困苦而無法勝過的事，或許能稍稍釋懷。

災難的價值

一九一四年十二月一場大火，燒掉了愛迪生的實驗室，損失超過兩百萬美元。他一生大半的研究成果，都付之一炬。

火災發生時，愛迪生的兒子查爾斯四處尋找父親，最後，發現愛迪生在火場外，平靜地看著火災現場，火光映照在愛迪生臉上。

查爾斯心疼父親的損失，畢竟當時愛迪生已經六十七歲了。努力一輩子的成果，卻被無情火燒個精光，他很擔心父親無法承受這麼重大的打擊。

沒想到，愛迪生看到查爾斯，竟然問他：「你媽在哪裡？」接著說：「把她找來，她這輩子大概再也看不到這麼壯觀的景象了。」

隔天早晨，愛迪生看著燒得精光的實驗室灰燼，淡淡地說：「災難自有價值，所有的錯誤都已焚燒殆盡。感謝上帝，我們又可以重新開始了。」

大火三個月後，愛迪生發表了世界上第一部留聲機。

生命的際遇如何不在際遇本身，而在自己如何看待際遇。查爾斯認為火災毀掉了父親一生的成就，愛迪生卻認為火災帶走了過去的錯誤，解放了他在研究上的侷限、瓶頸及捨不得放棄的部分。

燃燒殆盡的實驗室，燒掉了無法放手的錯誤，愛迪生不被過去捆綁，一身輕鬆，反而可以了無牽掛地從頭開始。

被拒絕也沒損失

很多人不敢開口要求，因為害怕被拒絕後會失去什麼！如果勉強要說失去，那就是失去面子。然而，這完全是個人自尊心錯誤作祟導致的迷思。

試想，你很心儀一個女孩，卻因為老是擔心被拒絕，而不敢開口約她出去。最後，被別的男生約走了，甚至成為別人的女朋友。多年後，偶然間得知，這女孩當年也很欣賞你，卻因為自己呆頭呆腦而錯過了。所以，千萬別因為害羞害怕被拒絕，錯過了向心儀女孩告白的機會。

開口要求你應得的，無論是工作上的升遷加薪，情人間的體貼照顧，朋友間的情誼交流，這都不是可恥的事。

即使一時被拒絕，也不是個人的錯，只是被拒絕而已。回到原初狀態，根本沒有損失。

誠如上面的例子，假設你開口約了心儀的女生被拒絕，很可能只是那天對方有事，再約下一次，或許就能成功。即便對方挑明告訴你，不願意接受任何邀約，也不過是回到原本狀態，又有什麼損失呢？

而且，被拒絕也不算壞事，反而能藉此增加挫折忍受度，培養出堅毅的性格。怯於開口要求或邀請，很可能錯失最好的機會而不自知。

開口要求或邀請，最糟的結果就是和原先一樣，什麼都沒有；然而，卻有一半的機會得到對方同意，甚至比原先預期的更美好。假設上述那位女孩，得到心儀男孩的邀約，豈不是很開心？一次美妙的約會之後，很可能促成一段美麗的感情，甚至美好的姻緣。

有多少人碰到自己渴望的事物，卻因沉溺於失敗的幻想，再三猶豫，最後錯失良機，再回頭，時不我與，這不是很可惜嗎？很多時候，一件事情能不能成功，就看能否把握良機，積極爭取。

至於不敢開口要求，很可能是習慣性的負面思考，或者自信心不足所導致。這時候，不妨利用「替換念頭」，改善負面思考的壞習慣。

每當你打算鼓起勇氣要求或邀請，卻被腦袋裡的負面想法打壓時，試著用正面、健康的念頭，取代這些負面思考。把「我辦不到」、「對方一定不會答應」，替換成「我辦得到」、「就算對方不答應也沒關係」；把「試了也沒用」，替換成「每嘗試一次，就更接近目標」。久而久之，便能克服負面思維，積極而流暢地進行要求。

別太介意被拒絕，被拒絕就重新開始。

「不」，並不代表一切停止，也不是世界毀滅，只是暫時的受挫，事情必須往下一階段走才能完成。

山不轉路轉，心態最重要！許多暢銷書作家在出版第一本書之前，都經歷無數挫折，包括寫出《哈利波特》的羅琳，就曾被十二家出版社退稿。此外，丹・布朗也是持續寫了八年，在第四本小說《達文西密碼》出版後，才成為舉世聞名的暢銷作家。如果這些人因為被拒絕一次，就把稿子丟到抽屜裡，那麼他們如今都只是平凡小民。他們並非特別優秀，而是勇於堅持目標。

想念研究所的人，不要嘴巴說說而已，一定要去考！名落孫山，才知道自己差多少分合格。真的有心讀書，就會找方法克服這段分數差距。如果想結婚，就努力去尋找對象，而不是坐在家裡發呆、看電視。如果想成功，就把目標清楚明確地寫下來，並且制定計畫表，按表操課。

找出生活中對於達成願望沒有幫助的事情，停止它，別再浪費時間。找出生活中對於達成願望有幫助的事情，繼續它，並深化它。

想要得到心中所想的嗎？你唯一必須做的，就是用尊重且得體的語氣，清楚明確地開口，提出你所要的！

然後，帶著積極的心等待結果。失敗了，重新再來；成功了，你就得著所希望的。

輯 06

掌握幸福關鍵

生命盒裡的元素

如果身體是生命的容器，這具軀體應該存放哪些東西，生命才能健康、平安、富足又快樂？是很多的財富嗎？還是很高、很熱門的學歷？抑或豐沛的人脈、關係？或是很棒的工作、成功的竅門？

如果生命像個盒子，我不知道你會存進什麼東西。不過，不管你放什麼，你存放的元素，將會不斷發酵、衍生、變化，一點一滴模塑成你這個人。

生命盒裡該擺放什麼元素，得由自己決定。如果擺了錢，那你的生命就會繞著錢運轉；如果擺了權勢，生命就會繞著權勢運轉；如果擺了愛，生命就會繞著愛而運轉。你擺了什麼，生命就會長成什麼樣子；就好像種子一樣，種的是什麼，收成的就是什麼。

選擇置入生命盒的元素之前，或許可以想想下面幾個問題：

你的人生目的是什麼？

你的人生最高準則、價值依歸是什麼？

這一生所為何來？

人生中最憧憬的是什麼？

哪些東西非要不可、哪些死都不想碰？

試著忘卻世俗干擾，回到內在，想想上面的問題。當有一個答案浮現時，不要急；再等等，再往更深處探問：「為何是這個答案？有其他可能嗎？」如果就是它，那設法再往更深一層探究，直到完全剔除覆蓋在元素上的外衣，洞見最深處的價值。

試著認清放入你生命盒裡的核心元素，不要讓華麗的外表給矇蔽了。真正值得放進生命的元素，一定能激發你的使命感與方向感，讓你知道為何而活、為誰而活。

不過，朋友！不管你想放什麼都好，但有一樣，我勸你記得放進去，那就是

「利他的愛」、「愛人如己」，也就是甘心為別人付出的心。「利他的愛」不是強迫他人接受我們的好，而是真心體察他人的需要，把這些需要看成自己的需要。

唯有如此，我們的生命才會不斷往外展延，看見世界的需要，努力達成這些需求。白白地給，不要只進不出，這才是生命快樂真正的關鍵。

人種的是什麼，收的也是什麼。

《聖經・加拉太書》六章7節

有希望才有幸福

你覺得，幸福是什麼？

也許有人認為，家財萬貫是幸福；也許有人覺得，有衣服穿、有飯吃、有房子住，就很幸福。

威廉・巴克萊（William Barclay）博士則認為，有希望、有事情做、能愛人的生活才是幸福。

相傳亞歷山大送禮十分大方，以示慷慨。不是送土地，就是送官位，有個朋友勸他，不要再繼續送下去，否則將一貧如洗。

沒想到，亞歷山大不在意地說：「我才不會一貧如洗，因為，我把最大的一份禮物留給了自己，那就是希望。」

有希望的人，即便日子過得再清苦，都能甘之如飴；相反地，失去希望的人，就算給他再多，還是憂愁滿面。所以說，希望給人幸福；有希望的人，必定會努力找事情做，透過勞動實踐希望。

能愛人，更是幸福人生不可缺少的一環。縱然有金山銀山，若無一人可愛，也無一人愛你，那麼錢財將毫無意義；一貧如洗的窮人，如果能與家人朋友有美好的關係，快樂將隨手可得。這一切，都是因著愛。

幸福的人，應當隨時自我警惕並感恩：知道自己身處富足時，有人正處於貧窮；知道自己健康時，有人正處於疾病；知道自己快樂時，有人正處於哀傷。因為懂得感恩，隨時願意付出。善，盡力去做；惡，一件都不行。

懂愛的人絕不自我中心，眼與心都觀察到他人的需要，盡其所能地付出。古羅馬有段諺語：「財富好像鹽水，喝越多越渴。」不要因為自己富了，便捨不得給予。真正富足的人願意給，給得樂意，且越給越幸福。

相傳約翰・衛斯理（John Wesley）年輕時一年賺三十英鎊，他的生活花費需要二十八鎊，便把兩鎊捐給窮人。然而，當他的收入不斷增加為四十鎊、六十鎊、一百二十鎊時，他還是只花二十八鎊，把其他的都捐給窮人。

有愛的人，生命有朝氣，彷彿世界上有許多事情等著他完成。因此，當我們內心充滿希望，就是一個幸福十足的人。

義人的盼望必得喜樂。

《聖經・箴言》十章28節

垂直人生

有個人詢問愛默生的年紀，這位美國文壇巨擘很認真地回答：「三百六十歲。」提問者十分困惑不解，但又知道愛默生並非開玩笑。

愛默生察覺對方的困惑，接口說：「我的生物年齡的確沒有三百六十歲，只有六十歲。可是，我以六十年的有限人生，完成了即使活了三百六十歲都無法完成的事情。」愛默生的偉大，不同於洛克斐勒或比爾蓋茲，他是深刻地往內在、往彼岸探索生命奧祕，並取得巨大成就。

耶穌在世上雖然只活了三十三年，傳道更只有三年，卻完成了許多人花一百年也無法完成的事情。因為耶穌「只求神的國和神的義」，追求垂直向上移動的人生。

耶穌的水平移動人生，可說遭遇到一連串的挫敗。耶穌曾說，自己窮得連睡覺的枕頭都沒有；祂被釘上十字架時，十二個門徒全都分散逃走，甚至還有門徒出賣祂，最後更死在十字架上。

然而，從垂直人生的角度來看，耶穌卻取得永恆的勝利。祂被釘上十字架，三天後從死裡復活，坐在永生父神的右邊。藉著祂的受死，讓神與人重新和好。

水平移動的人生終點，只有死亡。無論這個人這輩子在世間水平移動多少次，環繞地球多少回，累積多少金錢、地位、名聲，只要是水平移動，結果都只有死亡。

生命不會因為水平移動而成長，想要成長，就必須依賴垂直移動、向上移動，有彼世、精神與屬靈的接觸，才能體驗生命的茁壯與成熟。

選擇垂直移動人生的人，是有智慧的。因為他們知道，唯有垂直移動，才能夠了解生命的奧祕與永恆。

順著聖靈撒種的，必從聖靈收永生。

《聖經‧加拉太書》六章8節

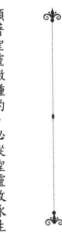

給生活留白

現代人總認為，單單活著還不夠，得想辦法證明自己活過，最好拚了老命做點什麼，留下財富、名聲，人生才算有意義。

然而，人生並不是非得留下什麼，才算不虛此生，才算有價值。單單能夠坦然無懼地接受自己活著，有朝一日會死去，那就夠了。

天上的飛鳥也不種，也不收，上帝尚且養活牠，不是嗎？真正能享受什麼也不做的人，才是真正富有、懂得生命的人。

我們的人生花了太多時間在做什麼，而非作自己。因為我們相信，我們做什麼就成為什麼（We are what we do）。然而，就在這種不斷追求、證明自己的過程中，人們逐漸失去了生命的真諦，陷入成就狂熱，被成敗牽著靈魂走，或得意忘形、或失魂落魄。

的確，生活裡有重擔，人必須工作才能糊口，甚至賺錢才能養家，遭遇更慘的，還得背負家中債務，看似不能隨心所欲，做自己想做的事。不過，這不代表我們不能看清楚自己的生活，看清楚生命本然的樣貌。

許多時候，我們只是把責任推給環境、推給世界、推給公司、推給上司、推給朋友、推給家人，甚至推給上帝。總之，推給誰都好，就不是自己的錯。把「人在江湖，身不由己」掛在嘴邊。

然而，在生活的重重環繞之下，我們自問：「你究竟是什麼樣的存有？」兒子、父親、同學、丈夫、老師、學生、部屬、上司、經理、業務、老闆……，這些頭銜都是，也都不是。

了解自己是怎樣的人，比做了哪些偉大的事情更重要。生命終將歸於塵土，一切所作所為也是。我們是某人的兒子、父親、同學、丈夫、老師、學生、部屬、上司、經理、業務、老闆……，但不只是如此而已，我們是神所愛的人，單單純純的人。沒有這些角色和身分，依然存在的人。

幫助自己體會這一點，正是來此世界最重要的功課。可以說是明心見性，也可以說是與神和好。

試試看，在放下一切俗世虛名和日常活動後，你會在生命留白處畫上什麼，那才是生命存有最根本的核心！生活留白，提醒你，看得見和看不見的一樣重要，看不見的甚至比看得見的重要。

留白是作畫最困難的一部分，一張畫的好壞，不在於色彩填得多滿，而在於留白意境有多深；生命也是如此，不在於成就、功績有多高，而在於放下的有多少、如何放下，讓留白和生活融合無間。

放下，才能讓生命流入；留白，才能看見萬事萬物的核心。放下生活的繁瑣，懂得生命的留白，在造物主面前謙卑下來，擦亮雙眼，去追尋生命中真正重要的事情吧！之後，你便會懂得，如何順服內在深處的聲音。

擁有越少越快樂

見識過真正貧窮和悲慘的人，我們內心的冷漠和封閉，往往都會被巨大的哀傷所軟化。

當我們深入黑暗的底層後，會對自己能夠看到陽光更加感恩；當真心彎腰幫助窮人之後，會懂得珍惜眼前的一切，改變優先順序，尊重生命中真正值得珍惜的事物。

當悲慘就在跟前，我們雙眼直視、兩腳發抖，站立在巨大的哀傷與痛苦前面，忘了回應的能力，體會到隔絕在貧窮黑暗之外的華美是那麼蒼白脆弱，隨時可以被摧毀。

那絕對不是錢財、珍珠、瑪瑙、鑽石、華廈、美食、轎車、權位能解決的，而是愛與關係生命彼此間的真誠聯繫。

當你看到最簡單的生活方式卻能夠帶來最大的喜樂和平安時，你會懂得擁有越少，越能體會平安與喜樂。你不用為達不到的業績成長擔憂，不用為已經在你身邊的財富煩惱，你會懂得如何謙卑順服，將一切所需和欲望交託在上帝手中。

讓我們每個人都成為傳播上帝聖愛的媒介，不要看重自己的需求，單單定睛於上帝的心意，以至於在接觸每個人時，上帝的愛可以透過我們的生命流出，讓每個人感受到上帝對世人的愛。

醫生只能醫治身體的疾病；心理醫師只能幫助人看見心裡的問題；真正心靈疾病的醫治，唯有上帝才能夠。

活著不是為了滿足自己

年紀越長越覺得，人活著，不是為了滿足自我的需要，而是為了成全他人的幸福。

如果活著只為了滿足自己，無論滿足的是理想或物質方面，最後都會因為擁有而停滯，甚至走上墮落毀壞。因為在滿足自我欲望的努力裡，沒有愛、沒有人、沒有宇宙社會，只有自己。這是一種很可怕的傲慢。基督信仰認為，人最大的罪，就在傲慢，認為自己無所不能，高過上帝。

許多人有種迷思，認為成功必伴隨幸福，誤以為成功就擁有名望和金錢，誤以為提升生活水準，就是擁有巨大財富可以買到任何欲望；殊不知，過度沉溺於自我欲望的人，絕對無法獲得幸福，除了欲望無止盡難以滿足外，更因為沒有愛。

生活的品質，不在於物質，而在於精神方面；生命的價值，不在於賺得多少金錢，而在於拯救多少靈魂，幫助人脫離物質和心靈的貧窮。

以德蕾莎修女為例，她只有三件一美元的紗麗，一雙涼鞋，連個辦公室都沒有，卻是全世界最富足的人。不光是因為她擁有上帝，更因為她擁有愛，且樂於幫助貧乏待援的人，才能吸引富豪前來，獻上金錢。

二十七美金折合新台幣，差不多八、九百元。在臺灣，讓一對情侶好好約會、吃飯、看場電影都不夠；但在孟加拉，卻能幫助四十二個家庭（大約五百人）脫離赤貧。因為愛，區區二十七美金就能化作無窮的祝福，替四十二個赤貧家庭打開活路。

兩千塊新台幣，可以幫助非洲四口之家一整年不用挨餓。當然，光是食物的捐助並非最理想的，但當我們有餘時，為何不給？

我深深相信，願意付出的人是富足的，只要願意，三百元就能助養一名清寒孩子，但重點不是多少錢，而是多少愛。

如果人人都知道自己只是過客，知道萬事互相效力的真諦，知道貧窮將扼殺一個人的將來，我們會更樂意給、更樂意愛，無論是為了自己，或是為了生生世世的下一代。

讓我們理解世界的需要，敢於付出、敢於愛！世界肯定會更精采美好，我們的心會更平安喜樂，那才是靈性富足的生命。

凡事心存感謝

生命的重點，不在於你將往哪裡去，而在於要用什麼方式開展你的旅程。生命的價值不在於存活時日的長短，而在於存活期間的品質是否豐富，讓最多人得到益處和祝福。

太陽下山總是會再升起，花兒謝了總是會再開。時間雖然一去不返，但無論如何，對於擁有的一切要心存感謝。只要凡事感謝，我們的付出，終將得到祝福。

謝謝那些出現在生命周遭的人，無論他們帶來開心或難過，都自有神美好的安排，時候到了，將益處顯明在我們面前。在此之前，只要心存忍耐等候，不要對生命失去盼望和信心。

明天自有明天的憂慮，一天的難處一天當就夠了。

我們應當一無掛慮，藉著禱告、祈求和感謝，將自己的要求告訴上帝。

我們蒙上帝按著祂自己的形象所造。祂愛我們，看顧保守我們，只要我們遵循正道而行，追求正確的價值，上帝便會成就我們所求所想的事情！凡叩門的必開門，尋找的就尋見。

輯 07

洞悉生命真相

犯罪乃因無知

蘇格拉底認為，人會犯錯是因為無知，因為缺乏善的狀態；因為無知，沒有意識到錯的存在，以致毫無羞恥、毫無障礙地犯罪。

即便是殺人、搶劫、偷竊等重大過錯，很多時候，犯者也是在無知、缺乏善的狀態下完成。因為犯錯的當下，人進入一種無意識狀態，彷彿將自身交給某個不知名的事物，在毫無意識的狀態下做了蠢事。

許多時候，人自以為清醒，其實卻是昏睡的。我們都會在無意識狀況下，從事許多工作，機械化地做，沒有任何感受。例如：超速闖紅燈、亂丟垃圾、順手牽羊、公器私用、作弊不誠實等等。

這一切，都是因為我們的心不在身體裡面，因此，放任身體去做任何想做的事，既不覺羞恥，更不覺有錯；而大腦或理智也沒有發出命令阻止壞事發生，因為大腦是睡著的，即便不是睡著，大腦也不知道該禁止什麼、什麼才是對的。

人心若不能真正覺醒，真正居住在身體裡面，便永遠無法看清自己的所作所為當中，有多少的錯誤和邪惡。

然而，我們生存在一個混亂罪惡的世界中，想靠自己的力量喚醒內在的善，實在難上加難。有誰敢說自己不曾被汙染、不曾犯錯？有哪顆心靈敢說自己的思想絕對正確、無可指責？

犯罪，不是特定指出犯了什麼樣的錯或行為；犯罪的原意，就是善的缺乏，是偏離造物主的心意、偏離上帝的正道。

缺乏善的人，無論自己再怎麼努力，也無法將缺乏補起來。唯有在耶穌基督的十字架前認清自己的罪，並請聖靈住在我們心中，讓祂引導所思所想，我們才可能脫離無知，進而杜絕犯罪。

世人都犯了罪，虧缺了神的榮耀。

《聖經・羅馬書》三章23節

你在找什麼

每天早上起床，你會先找什麼？眼鏡、衣服、拖鞋，還是廁所？然後找早餐、交通工具。因為要吃飯，才有力氣活下去；要有交通工具，才能送我們上班。

大多數人，一生的精華階段是在找工作、找錢；找工作之前，還必須先找到能夠謀職的知識與學歷。因為去工作，我們才能賺錢活下去。

即使不上班，我們也得找錢，拚了命、用盡辦法賺錢。上班賺薪水，擺地攤求糊口，買股票、基金賺獲利，統統都一樣。

找到了錢，人們找愛情、找家人、找朋友。因為我們渴望與人分享、交流生命，渴望親密互動，渴望愛情、友情和親情的滋潤。

於是，人的一生，每天找來找去，忙碌異常。當日子一天天過去，我們漸漸變老，又開始找青春、找活力、找健康；於是，找運動健身，找保養品，找一切使我們不會衰老或不會生病的方法，就像秦始皇找長生不老藥。其實，我們和秦始皇沒有兩樣，都在不斷尋找延年益壽的方法。

沒錢時，人們找錢，想辦法活下去。有了錢，找朋友、找愛情，讓自己活得更好。有了一切之後，開始找長生不老。

愚昧的是，大多數人不找上帝，而在世間尋找那延年益壽的靈芝、仙桃。我們渴望肉體的永活，能夠在世間享受富貴榮華；卻不願意找上帝、找天父，找到那條返回天家的道路。

你們為何花錢買那不足為食物的？用勞碌得來的買那不使人飽足的呢？你們要留意聽我的話就能吃那美物，得享肥甘，心中喜樂。

《聖經・以賽亞書》五五章2節

真理的追求

有兩位牧師，都非常有領導能力，各自創辦了興旺的教會，吸引許多人跟隨。其中一位牧師宣講真道，凡事以主為依歸，十分謙虛；另一位牧師憑藉高言大智，傳講令人迷戀的信息，並以鐵腕作風、組織經營的模式，讓教會迅速擴大。

多年後，這個城鎮發生一場天災，兩位牧師及追隨者不幸全都罹難了。於是，兩名牧師分別帶著自己的會眾，來到天使長面前，等候審判。

天使們一一詢問每個信徒，最後決議，第一位牧師和追隨者全部上天堂，第二位牧師和追隨者被拒於天門之外。

兩位牧師和追隨者都深感困惑，特別是後者，更是無法理解，遂求問天使，判決的依準為何。

天使說：「表面上看起來，你們都是主的信徒，但是，第二位牧師傳講的訊息，看似主的教導，實際上卻是假藉主的信息，摻雜世俗價值觀，讓人們誤以信了主，就能獲得成功順利。這位牧師傳講的，與其說是神的福音，不如說是假藉神的名義傳講自己。他要信眾追隨的不是主，而是自己。而他的追隨者之所以追隨，也是渴望崇拜他、而非主，並渴望因為信了道就萬事亨通。

「第一位牧師和追隨者卻不然。他們深知天父教導的真意、該被擺放在什麼位置、以什麼態度來遵守與尋求。他們才真正是主的門徒，因為他們求的是真理，是主的福音。」

不要以為凡是傳講主的名、主的道的人，都是在傳講真理。在這乖謬的世代，許多人假藉主的名與道高舉自己，讓自己的權威凌駕主之上；表面上說要人順服主的教導，實則要求信徒順服自己。

魔鬼也懂福音，而且比我們更熟。然而，魔鬼卻不能長久履踐福音，因為與牠的本性不符。因此，信仰的追尋看的不是理論、講道或解經，而是靈命、見證與榜樣。

不願捨棄忙碌的人

現代人生活多半忙碌，同窗好友想約個時間吃飯敘舊，情人夫妻想要甜蜜約會，孩子希望父母陪伴去遊樂園，都得事先安排，偶爾還會因雙方臨時有事取消。大家見了面，問候語不再是吃飽沒，而是「最近忙不忙？」

此時，被問者幾乎都會回答：「哎呀，最近真是太忙了！」接著便是用半小時以上的時間忙著抱怨。抱怨結束，若說起期望，會希望自己不要那麼忙，可以清閒一點，有時間做自己的事情等等。

發問者如果傻到替對方想，提出減少忙碌的方法，則會換來一陣詭異的笑聲，彷彿你不了解他的狀況，並接口解釋，自己也不想那麼忙，可是沒辦法，不忙的話，事情就沒人做了。

總之，抱怨忙碌，只是現代人寒暄的一種方法，抱怨者根本無意解決，甚至樂在其中，要他抽離，恐怕還會換來嚴重的失落感。

抱怨「忙碌」這個行為，焦點與其說是「忙碌」，不如說是「抱怨」。抱怨者看似很辛苦，但換個角度想，在這些辛苦可憐的背後，抱怨者是在自我肯定，甚至孤芳自賞，認為自己的忙碌有意義，自己的犧牲是利己利他。也就是說，忙碌有助於自我實踐、自我感覺良好，並在抱怨中，讓別人感覺自己很重要。

抱怨歸抱怨，抱怨者真正的意圖並非離開忙碌，而是希望透過抱怨，換來別人的疼惜、慰問，並且肯定自己忙碌的價值；甚至，根本就是希望聽者讚嘆、佩服。如果不是如此，真的忙碌到快抓狂，何不選擇離開呢？

不願離開忙碌的理由不外乎「我很重要」、「這件事情或公司沒有我不行」，也因此，這些大忙人最終不會選擇離開，而是更加投入，透過忙碌來肯定自我價值。

所以，再有人向你抱怨忙碌，用心傾聽就好，不見得要給建議；抱怨者真的受不了，他自己會選擇離開，用不著我們多嘴。好心的建議，反而成為對方堅持繼續忙碌的力量。

身為基督徒，如果在世界上忙忙碌碌，做的全是滿足自我欲望的工作，關心的盡是自己的成就，或許應該想想自身的信仰，究竟在生活中有何使命？上帝要我們來到這世界，是要我們忙忙碌碌、成就自我嗎？

自以為是的愚昧

基督教初傳時，在當時的羅馬帝國被視為邪教，因為基督徒不拜偶像、不拜凱撒，因而備受迫害，許多基督徒為主殉道。

有一天，一隊羅馬士兵抓到一個基督徒，要他跨過十字架，並當眾否認基督，否則不放他走。但這名基督徒不肯羞辱主，於是被羅馬士兵鞭打苦待。最後，他的身體終於挺不住了，臨死之前，有人悄悄問他，對這些迫害他的人有什麼看法。

這名基督徒開口說了：「願神赦免他們，因為他們不知道自己做了什麼。

「他們打我，是誤以為自己做的事情沒錯，他們是在維護羅馬皇帝的尊嚴和神聖。而且他們認為我錯了，需要被扭轉糾正，沒辦法糾正時，就必須排除，因為他們覺得我是危險的，可能危害皇帝的尊嚴。

「對那些自以為是的人，我如何能夠告訴他們正確的觀點？」

蘇格拉底說，惡行來自於無知、缺乏善；若是擁有真知者，必定不敢行惡。

我們常常因為無知，犯了許多可笑的錯；更常常因為無知，觸犯了神。許多人會自以為是，決定世間善惡、對錯標準，對於犯了標準的人，就嚴加追究拷打；相同地，一旦我們犯了別人以為的錯事，也會被無情責罰。

熱情而無知是不可取的，步伐急躁容易失足。

習慣的腐蝕力

暢銷作家侯文詠曾經寫過一篇文章，談到「漸漸習慣」的可怕。話說，侯文詠聽到一個開色情酒店的老闆談起經營哲學，老闆洋洋自誇手下小姐都有大專以上學歷。侯文詠驚訝地問他，這些「知識分子」怎麼肯下海。

老闆得意之情溢於言表，道出手法。老闆說，他一開始只是應徵會計，並要求檢附大專學歷。會計的薪水雖然比其他公司的會計高，但酒店裡嚴格規定，當會計的只能做會計工作。因此，店內雖然有色情陪酒，但會計還是很單純、不受汙染。

然而，會計當久了，便和店裡的小姐熟起來。當她們知道同樣大專畢業、同樣在酒店工作，當會計領一萬二，端盤子的小姐領兩萬四，於是會計便想，端盤子也不用陪酒，薪水卻加倍，何不端盤子？

盤子端了一段時間，客人也看熟了，總會要求喝兩杯。一次拒絕、兩次拒絕，最後拗不過客人，便喝了一杯。喝了以後，發現站著喝酒的領兩萬四，坐著喝酒的領四萬八。橫豎都要喝，幹嘛不坐著喝？於是又從端盤子，轉成陪酒小姐。

過了一陣子又發現，坐下來陪酒領四萬八，但比起那些願意陪客人出場或有特殊服務的小姐，賺的錢簡直小巫見大巫。坐著陪酒也會被客人吃吃豆腐，看到願意出場的小姐賺這麼多，便開始覺得自己賺不夠，比較之心再起。最後，就也下海做起色情服務了。酒店老闆笑說，他從來不勉強小姐下海，每個人都是心甘情願。

這就是「漸漸」加溫煮熟的青蛙。一開始覺得沒什麼，慢慢地，一點一滴讓你習慣、妥協，最後整個人都被腐蝕，失去了自我。

如果老闆起初就強迫小姐下海做色情陪酒，有自尊心和道德意識的讀書人，肯定都不願意。然而，如果是漸漸下手，讓人在舒服的環境裡自甘墮落，一點一滴讓新的價值觀磨去舊的價值觀，最後，很少人能抗拒金錢誘惑。

沒有人一出生就是大惡之人。天真的孩子漸漸變成有野心的年輕人，有野心的年輕人漸漸變成貪婪的中年人，貪婪的中年人漸漸變成冷酷的壯年人，最後，冷酷的壯年人變成頑固老頭。

豐子愷曾經說過，使人生圓滑進行的微妙要素，就在於「漸」。漸漸加溫，沒有青蛙不被煮熟的。因此，人必須隨時提高警覺，不讓習慣漸漸腐蝕你內心持守的正確價值觀，寧缺勿濫，不為任何事物出賣自己的自尊和靈魂。

魔鬼的邏輯

世人皆喜富貴長壽，《聖經》中也有以長壽、多子孫作為犒賞義人的記載。

而當前世界的主流價值，乃是功成名就、財富累積、社會名望，即使教會裡的信徒，殷切追求富貴榮華者也不少，教會界甚至有「成功神學」派，作為追求富貴成功的理論奧援。

然而，富貴長壽雖為人所喜，卻也容易成為魔鬼的工具，用來打擊人心，使人遠離上帝。

不少人以簡單的二分法評斷，認為人生中的挫折、苦難，疾病，是魔鬼的攻擊；富貴榮華、功成名就，則是上帝的獎賞。

其實，讓人痛苦、挫折、在世不順心，並非「魔鬼的邏輯」；相反地，讓人大享世間富貴榮華，以至於高抬人的驕傲，認為人定勝天，認定自己無所不能，能夠勝過上帝，這才是「魔鬼的邏輯」。

「魔鬼的邏輯」是盡一切可能讓人遠離上帝。只要富貴榮華能讓人離開上帝，魔鬼便會毫不遲疑地給予。

另外，有些人在承受挫折攻擊時，會向上帝埋怨，甚至要求上帝當個超級保母，應允我們一切所求。對於這種人，魔鬼則會盡力給予挫折，使人身陷痛苦之中，因而埋怨上帝、離棄上帝。

也就是說，魔鬼如同孔子一般「因材施教」，有什麼方法能夠讓人離開上帝，魔鬼絕對不會手軟。

就像當年耶穌被引到曠野，承受魔鬼的三個試探，全都是樂意滿足耶穌的「需要」（食物、權力、使命），條件是只要耶穌向魔鬼下跪。但耶穌終究了解魔鬼的伎倆，沒讓魔鬼得逞。

然而，今天的基督徒中，卻也不乏把魔鬼當上帝，把富貴榮華當作上帝獎賞，把挫折痛苦、悲傷失望當作魔鬼攻擊，把離開上帝的各種理由說得冠冕堂皇，盼望上帝了解自己選擇「魔鬼邏輯」的不得已，甚至是選擇了魔鬼邏輯而不自知。

盼望人們能夠盡早認清「魔鬼的邏輯」，當富貴來到時要格外小心！不定睛在富貴榮華上，只盼望與上帝同在的喜樂。

輯 08

建立優質習慣

失敗沒有藉口

人可以失敗，失敗為成功之母。沒有失敗過的人，很難了解成功的可貴。不過，可以失敗，不代表可以替失敗找藉口。失敗就是失敗，記取失敗的教訓，重新來過便是。藉口，只是原諒自己失敗的理由，是逃避失敗的手段，也是阻擋成功最大的絆腳石。

「沒有時間」、「沒有辦法」、「沒有市場」、「競爭太激烈」、「剛好有事」等等，都是拿來搪塞失敗的理由。面對失敗，我們不需要脫罪的藉口，無論導致失敗的真正原因為何，都不重要。如果不能克服，就永遠不會成功。

沒有任何理由，可以當作達不到目標或者績效不彰的藉口。沒有任何理由！

仔細想想，求學時考試成績不好，有多少次是因為預先給自己留了退路，因此沒有盡力讀書，考砸了，再找理由：題目太難、準備時間不夠、父母給的壓力太大。

「如果……就能……」是喜歡找藉口的失敗者最常使用的句型。例如：「如果有多一點時間，我就能達成業績」，「如果考題沒這麼難，我就可以考得更好」，「如果不是環境太吵，我就可以專心讀書」等等。只要有心開脫自己的失敗，肯定可以找到理由。

真想做好事情的人，沒有時間讓自己沉溺在替失敗圓謊、尋找藉口。面對失敗，人們常常不甘願，但即使真的不是個人的錯，如果不能解決問題，又有何用？

試想，老闆聘僱一個員工，是希望找個人替他分析為何打不進市場，公司為何老是失敗；還是想找一位替他克服失敗，順利打進市場的人？

成功的人找方法，失敗的人找理由。只要你想做，發自內心地想做，就會用盡一切辦法、使出一切手段，為達目的，即便拋棄尊嚴都可以。不給自己找藉口，並且動腦、動手去做，事情就會出現轉機。

下一次的嘗試，或許還是失敗，但這種人跌倒了馬上爬起來，找出失敗的原因後，再想其他辦法解決。那麼，終有一天，他一定會完成目標。

不想辦到的人，一定找得到藉口替失敗開脫；
只想完成的人，一定找得到方法替成功開門。

君子慎獨處

猶太人說：「人類一思考，上帝就發笑。」我則從聖經的記載中發現：「人類一獨處，撒但就誘惑。」

《創世記》中，人類始祖夏娃就是一個人獨處時，被古蛇魔鬼的花言巧語所誘惑，相信魔鬼所說的，吃了分別善惡樹上的果子「不一定會死」（上帝說，吃了必定死），於是摘下了果子，拿給亞當吃，才得罪了上帝，人類被趕出伊甸園，受上帝的咒詛懲罰。

《約伯記》中，完全正直、敬畏上帝的約伯，被撒但奪走了一切所有，妻兒家畜全都無一倖免，只剩他一個人獨活，還得忍受好朋友的指責，認為一定是他得罪上帝才會受此懲罰。約伯因撒但設下的圈套落入孤單的處境，承受撒但的攻擊。

《馬太福音》記載，當耶穌在約旦河受了施洗約翰的洗，領受聖靈之後，隨即被聖靈引導到曠野。

耶穌隻身進入曠野，在曠野禁食四十天，後來就餓了。

魔鬼趁著耶穌肉體飢餓（軟弱）的時候，前來接近耶穌，對祂說：「你若是上帝的兒子，可以吩咐這些石頭變成食物。」

耶穌卻回答魔鬼說：「經上記著說：人活著，不是單靠食物，乃是靠上帝口裡所說出的一切話。」

魔鬼不死心，帶著耶穌進了聖城，叫祂站在殿頂上，對祂說：「若你是上帝的兒子，可以跳下去，因為經上記著說：主要吩咐他的使者，用手托著你，免得你的腳碰在石頭上。」

耶穌對魔鬼說：「經上又記著說：『不可試探主你的上帝。』」

魔鬼眼見第二次試探又失敗，還是不死心，第三次，魔鬼帶祂到最高的一座山，對祂說：「你若俯伏拜我，我就把這一切都賜給你。」

耶穌對魔鬼說：「撒但，退去吧！因為經上記著說：當拜主你的上帝，單要事奉祂。」

於是魔鬼便離開了耶穌。

獨處時，人內心的所有邪惡欲念，將會毫不掩飾地展現出來，在人前不敢說的惡毒言語，不敢思想的下流行徑，獨處的時候，全都肆無忌憚地跑了出來。

獨處時，最能看見一個人內心深處的邪惡，也是最容易被邪惡思想所誘惑，從而作錯決定、走錯路的時候。

從人類的始祖亞當和夏娃開始，就得承受獨處時從魔鬼撒但而來的攻擊，即便是上帝的獨生愛子耶穌基督，準備開始傳揚福音之前，也得先被引導入曠野，禁食、獨處，承受魔鬼撒但的誘惑。

從神學上來看，耶穌之所以必須禁食且獨處承受魔鬼撒但的誘惑，是因為耶穌必須和人一樣處於相同的處境（獨處時受魔鬼撒但的誘惑與攻擊），承受相同的試探。

所不同的是，耶穌沒有因為肉體的軟弱而犯罪，祂以上帝的話作為抵禦撒但攻擊的最好武器。

一個人獨處時，想要抵擋來自撒但的邪惡誘惑與攻擊，必須擁有從上帝而來的真理，勝過罪惡的核心價值，好像耶穌高舉上帝和《聖經》，以此作為行事為人的基準，不被錯誤的世俗價值或魔鬼撒但的誘惑所吸引，不體恤肉體的軟弱，不隨從撒但的誘惑，不試探上帝，不被外在世界的榮華富貴所迷惑。

只要我們內心深處有正確（來自神）的價值觀，時時持守，絕不鬆懈，便不至於因為肉體軟弱或太渴望成功卻不知道如何追求，而陷入了魔鬼撒但的誘惑。

你們要順服神。務要抵擋魔鬼，魔鬼就必離開你們逃跑了。

《聖經．雅各書》四章7節

有話「值」說

中文有一句「有話直說」，意思是說話不要吞吞吐吐，大大方方地把話說出來。但是，直接了當說實話，所說的話往往不是別人想聽的。說得輕，聽者不重視；說得重，容易得罪人或傷人。因此，與其「有話直說」，不如值得說的話才說。

《聖經・箴言》廿五章11節：「一句話說得合宜，就如金蘋果在銀網子裡。」直說的話，有時太快、太急，思考欠周密，或者限於主觀意識，並不一定正確。如果說話者又是上司、老師、牧師、父母等在上位者，話說得不好，很可能傷了聽者的心。言者或許無心，但聽者有「臆」，誤會常因此發生。

例如，父母看見孩子放學回來，樣子怪怪的，想起今天發成績單，於是要來一看。結果發現孩子考試成績不如理想（也可能家長標準太高了），想起自己辛苦工作賺錢，忍受日晒雨淋、老闆責罵，受盡委屈就為了養這個家。於是，脾氣與辛酸全湧上來，不好聽的話一股腦兒脫口而出，數落孩子不成才，甚至連老了無依靠全都搬出來。責罵半天，孩子自覺罪孽深重，難報父母恩；或覺心煩意亂，更不想念書。

這一幕，相信是許多家庭都上演過的「有話直說」，不只對課業沒幫助，還鬧得親子不愉快。

如果父母看到孩子成績單不理想，不輕易發怒、脫口說出許多難聽的話，緩一緩、想一想，該如何把話說得合宜，有「品質」、有「價值」地把話「根植」孩子心裡，讓孩子既能反省成績不理想之過，又能激發努力讀書的動力，這番話說得才有「價值」。

想想看，生活裡我們說了多少沒有意義的八卦、流言、是非，甚至惡言？再想想，《新約聖經》裡，記載耶穌生平所說的話並不多，但卻字字珠璣，極富價值，又深植歷代基督徒的心。

如果我們也能效法耶穌，試試讓每一句口中說出的話，都具有高品質、高價值，造就人往善的方向前進，我們的世界，肯定會變得更加美好！

性格積木

許多人小時候都玩過樂高積木。一片片的積木，看似雜亂無章，但透過巧妙的組合堆疊，卻能創造數不盡的美麗作品。

如果人的個性也像積木一樣，可以分成一片片，那該有多好？如此一來，可以將身上負面的、不好的性格取下，換上正面的性格特質，使我們成為更好的人！

然而，人格特質畢竟不是積木，沒辦法透過重新排列組合，拼出理想的人格。

不過，這未必是壞事。

當年紀漸長，慢慢會發現，每個人的性格其實是中性的，它有時候是優點，有時候是缺點，端看性格與人生際遇碰撞出的火花。例如，積極可能成為躁進；溫吞可能被說成好脾氣；少根筋的人，平日生活雖迷糊，看待人生挫折時，卻多了一分寬容。

我常發現，或許所謂的負面性格，很可能只是每個人性格中不成熟的部分，因為缺乏「患難」的操練，還不夠「老練」，一旦面對個人無力駕馭的情境時，就展現出粗糙或幼稚的樣貌。

性格本身，其實沒有好壞，端看如何在人生際遇中活用。透過「客觀」、「中庸」、「忍耐」，逐步操練，減少性格在錯誤時機現身的機會，增加性格在對的際遇中出現的機會，所有的性格都會是好性格，我們也就不用換掉原本的性格，更懂得自己、更愛自己，也更懂得與他人相處，更加關愛他人與世界。

娶到惡婆娘

有一位智慧極高的牧師，因為態度謙卑、熱心傳道並真誠服事主而聲名遠播。這位牧師單身，許多人都希望能把女兒嫁給他。

終於，牧師宣布要結婚了。但讓會眾跌破眼鏡的是，牧師竟然像蘇格拉底一樣，娶了一名暴躁易怒的河東獅。

牧師婚後不久，有個神學院時代的好朋友來拜訪。這個朋友看到牧師不斷被妻子打擾和譏諷，相當不解好奇，便問他迎娶這個女人的理由。

牧師說：「朋友，你如果能夠忽略表面的迷霧，真相便會清晰浮現。我太太的嗓門是大了點，但可以提醒我不要自負；她雖然愛譏諷我，但可以讓我懂得謙虛。

「你也知道，我們身為牧師，平日在台上講道、與信徒相處，都沒有人敢講真心話。如果沒有我的妻子，我可能會被稱讚和湧進的名聲沖昏頭，甚至做出違逆上帝的事情。而且，她留在我身邊，也有機會讓我們彼此影響。我相信，在我言行舉止的潛移默化下，她肯定能逐漸改掉粗暴的特質。」

這個朋友被牧師的說法感動了，回到自己任職的教會後，也找了鎮裡惡名昭彰的女人結婚。然而，他的妻子無論在朋友、親人或是會眾、同工面前，都對他破口大罵，他一秉初衷、溫和以待，沒想到，這份溫和卻助長了女人的氣焰。

沒多久，這個女人就因為愛罵人而闖禍。因為她太習慣罵人不被還嘴，某天，她和鄰鎮一名壞脾氣的女人吵架，吵不過對方，竟把對方殺了。於是，這個朋友又找到之前那位牧師，卻發現，他的老婆脾氣雖然還是不好，但已經有所改善。他百思不得其解，便說出自己的遭遇，請教牧師為何如此。

牧師說：「當你對人生哲學的大原則一知半解時，實在不該急著去實行。如果你先問我，我會告訴你，娶個惡老婆不是通則，但如果真的要娶，每個人都有不同的相處之道，必須根據自己的脾氣和生活狀況調整。並不是娶了一個惡婆娘，然後溫柔對待，就一定會讓她改變脾氣！」

生活中遇到的種種問題，許多人會用通則來指導個案，最後導致悲劇發生。生命中總會遇上一些特別困難複雜的事件，處理時應以個案的特殊性、急迫性，以及案主的需求為首要考量，不能只以泛泛的道德哲學或信仰教條一概而論，否則，可能傷了案主，又無法解決問題。

主的髒抹布

我家的廚房地板上，有一條髒抹布，專門用來擦拭地板上的污垢、煮飯不小心噴灑出來的食物，還有湯湯水水。總之，盡是拿來擦些骯髒的東西，和其他乾淨的抹布的功能不同，地位、命運也不相同。

不過，雖然看似蹂躪這塊髒抹布，但我心裡其實很感謝它，因為有了它，廚房才能保持乾淨，雖然大部分的時間它都只能躺在廚房地板上，隨著我的需要到處移動，執行它的拭汙任務。

有一天，正當我在廚房準備把髒抹布挪到熱水壺旁，預防注水入壺時弄濕了地板時，我突然想到，身為神所創造的人，被授權管理這個世界的我們，不也就像我家的那些抹布。

有的抹布執行的任務比較簡單，也不用弄得滿身髒汙，像是作為水壺、湯鍋的隔熱墊，使我在取用熱水和剛煮好的食物時，不會被燙傷；有些抹布專門用來擦手，特別是當我洗完一堆碗盤，滿手水珠的時候；另外還有一些抹布，就是專門拿來擦拭髒汙的地板。每一種抹布的分類與功能都很清楚，雖然抹布有乾淨與骯髒的分別，看起來好像有高低之等級，但對於身為抹布主人的我來說，我知道想要維持家庭整潔，每一種功能的抹布都不可少。

人不也如此，神要我們管理這個世界，不少人都以為神要我們當君王，統領別人，好好地治理這塊土地。可能很少人想過，神要我們管理好這個世界，除了需要有人在上位當領導者，也需要有人甘居末位，處理那些沒人願意做的骯髒麻煩事。

好比說德蕾莎修女，甘願放棄高牆內的校長職務，進入充滿髒亂汙垢的加爾各答貧民窟，幫助那些最窮、最髒、最殘弱、最需要幫助卻又身無分文的人，她終身如此，不曾發過一句怨言，她把自己當作主的一支鉛筆，讓主盡情地使用。

不僅德蕾莎修女，還有無數人甘願放棄自己原本的地位、財富、安逸的生活，前進未知而陌生的世界，那世界在一般人眼中充滿髒亂疾病，到那裡去得承受物質上的缺乏，甚至還要被當地人誤會、攻擊。就像馬偕博士甘心來台行醫傳教，李提摩太、戴德生還有無數的西方宣教士放棄安逸的生活，主動尋找需要服事的工場，無論那裡有多麼髒亂。馬偕、戴德生、李提摩太、德蕾莎，還有許許多多樂意奉獻自己給最窮苦黑暗世界的宣教士與基督徒們，他們甘心樂意地把自己放在最髒、最窮、最苦的地方，就好像是神的髒抹布，擦去那些因著人的罪惡而造成的汙垢，讓神所創造的世界可以顯出其原本的美好，縱然只有短暫一瞬，但他們卻始終相信永遠乾淨的那一天會來到！

如果有一天，神呼召我們去祂所預備的工場，只是，那工場不是服事乾乾淨淨的人，而是要我們當一條髒抹布，擦拭這個骯髒的世界，我們還願意甘之如飴地回應神的呼召嗎？

我們願意當一條主用的髒抹布嗎？

輯 09

打造真情生活

耶穌在哪裡

有一年聖誕節前夕，小明為了參加教會的交換禮物活動，特地到百貨公司選購。挑禮物的時候，他看到一個小女孩抱著一個耶穌寶寶，懇求母親買給她。但是，她的母親顯得很為難，因為這對母女看起來並不富裕。

小明原本以為這個媽媽會責罵小女孩，沒想到，她卻抱著女兒哭。這時候，小女孩反過來安慰媽媽：「媽咪，別哭嘛！我知道我不乖，我不會再要任何玩具了，我不要這個耶穌寶寶了，我現在就把祂放回去。你看，我已經放回去了唷！」

小女孩的媽媽終於開口說話：「寶貝，真的很對不起！我們家買不起這個耶穌寶寶。我哭，是因為我也很想將祂買回家，當作你的聖誕節禮物。但我保證，聖誕節早上妳會得到一個禮物的。」

「媽咪，我真的不需要這個耶穌寶寶了！你知道為什麼嗎？因為教會的主日學老師教過我們，他說：『耶穌活在我們每個人心中！』我喜歡祂活在我們心中。所以，我真的不需要這個寶寶了。」

小明聽著母女的對話，非常感動，決定省下交換禮物的錢，偷偷買下這個耶穌寶寶，請售貨小姐轉交給小妹妹。

當小明看到小女孩收到禮物又驚又喜的表情時，他也感染了那份喜悅。他知道，這個聖誕節，有個小女孩會因此特別開心。

就在這瞬間，小明突然了解交換禮物的真正含意，那就是分享基督的愛；他也為著自己能夠生長在富裕家庭，擁有美好的教會生活，內心深深感恩。

你們既然凡事富裕，就可以慷慨地捐輸，使眾人藉著我們對上帝生出感謝的心。

《聖經新譯本‧哥林多後書》九章11節

天堂與地獄之別

古代人將天堂描寫得美輪美奐，鋪滿黃金鑽石，彷彿一個美麗新世界，在那裡，沒有痛苦憂傷，永遠光明燦爛。至於地獄，則是永遠黑暗，是萬年火湖，其間的人只能承受永刑，永遠受苦。

全然接受古早天堂地獄觀的現代人，或許還是有，但也有一些新的說法，天堂和地獄很可能一樣，只是住在其中的人不同。

坊間有一則廣為流傳的天堂地獄故事，發人省思。故事中，有個人被天使帶到地獄，他看到一群人圍坐在一桌豐盛菜餚前，但被規定只能用身邊超長的筷子夾菜；這群人個個急著填飽肚子，拿起長筷夾菜，卻沒辦法送進自己嘴裡。於是，他們只能空瞪著眼前的美食，飢腸轆轆，咒罵不斷，痛苦指數一百分。

接著，天使又帶這個人來到天堂，他看到天堂的光景，同樣是一群人圍坐在一桌豐盛菜餚前，同樣被規定只能用身邊超長的筷子夾菜；然而，天堂裡的人，個個服務他人，夾起菜來送進別人的嘴裡。就這樣，你夾給我、我夾給你，其樂融融，滿足指數一百分。

類似的天堂地獄小故事很多，告訴我們天堂地獄的分別，是在於人心。當人決定放下自我，為他人服務，和他人建立良好關係時，便有如進了天堂。反之，只在意自己的權利，只求占有更多，和他人交惡，便宛如進入地獄，即便坐擁金山，卻孤獨蕭然，看似風光，實則痛苦不堪。

人剛出生時，什麼都不會，唯有倚靠別人餵養才能順利長大。人類，其實就像需要被照護的嬰兒一樣脆弱，如果沒有旁人照料、呵護，給予關愛溫暖，生命將難以燦爛發光，只會逐漸枯萎衰亡。

地獄，就是以自我為中心，再也無法建立溫暖與聯繫的地方。地獄裡的人，沒有感受能力，無法建立關係。相反的，天堂則是個熱鬧溫暖、人群聚集、彼此建立聯繫，付出愛與獲得愛的地方。

生而為人，卻冷酷嚴肅、充滿私欲，不懂付出與關懷，就已經是身在地獄了！相反地，懂得愛、願意愛、付出愛、喜歡愛，即便仍在人世，你已經置身天堂！

容器或導管

教會裡，牧長們不時以「器皿」說勸導弟兄姊妹，要成為主合用的器皿，為主做工。彷彿身而為人，是一種容器，要填滿神恩，好向世人見證上帝。

對我來說，基督徒的確是神的器皿，而且是「導管」，一頭連接上帝，一頭連接世界，將自己當作上帝恩典導入世界的導管，讓神恩穿過我們的身，洗滌內心的罪，放下不必要的驕傲，活出神的見證，且讓恩典四處流瀉，讓世人感受到神恩大能的美好與可貴。

有些人管子大，導流的恩典多，能向萬人傳福音，訴說主的榮耀；有些人管子小，恩典如涓涓細流，僅能讓數人看見神恩，但無論導管粗細，總是向世人傳遞神恩。

一日信徒是導管，內心充滿神的恩典，行事為人便會以神的教導為依歸，放下不必要的驕傲與自我中心，拋棄私心，一心向主，為主而活。

願我們每個人，都能認清自己是神的導管，竭盡己力向世人傳播主的福音、恩典與權能，讓更多人能夠早一日認識主、親近主，才不枉神揀選我們的恩典。

願主興起每位弟兄姊妹，願弟兄姊妹甘心樂意被主使用，成為主的容器與導管，在世上散播平安、喜樂。

人若自潔，脫離卑賤的事，就必作貴重的器皿，成為聖潔，合乎主用，預備行各樣的善事。

《聖經．提摩太後書》二章21節

基督徒的豪宅人生

最近的台灣，掀起一股豪宅熱。每天打開報紙、電視，到處都在告訴你，哪裡又蓋起了一座每坪要價破百萬的豪宅，哪裡的國有地又賣掉了，未來財團準備在買下的土地上興建高檔豪宅。甚至還會不厭其煩地告訴你，誰在哪裡買了幾戶豪宅，或者因為轉手買賣賺了多少錢。

媒體不斷談論豪宅的結果，一方面讓人以為台灣豪宅充斥，二方面卻讓人湧現難以遏止的「相對剝奪感」。或許不至於讓人對自己無法在人生旅程中賺得一戶豪宅感到羞愧，但卻不自覺地提高了對生活水準的要求，覺得就算買不起豪宅，至少也該能擁有一戶屬於自己的房子吧！連一戶房子都賣不起，還算人嗎？

人心，就在媒體不斷強力放送豪宅人生的過程中，逐漸變得貪婪而不自知。在每坪要價百萬，總價動則上億的豪宅面前，突然間我們全部都變成窮人。雖然有不少家長抱怨《艋舺》這類的電影帶壞孩子，然而我卻認為，無止盡地追蹤報導豪宅，推崇豪宅人生，才是扭曲價值觀的更大破口。

或許，這解釋了為什麼都會區高房價會成為國人民怨之首。這個民怨的背後反映了國人渴望擁有自己的房子卻得不到的「悲憤」。

然而，誰說人生在世，非得買下一棟屬於自己的房子才算功成名就？至少在施行公屋政策的歐洲國家，人民並不覺得非得買下一戶屬於自己的房子不可，由國家出面，平價出租國有住宅給人民，幫助人民以低廉合理的價格擁有安居樂業的生活，也是一種生活方式。

畢竟「生不帶來、死不帶去」，縱然有廣廈千戶，晚上睡覺也只需要七尺空間，更別說百年之後、回歸主懷之時，根本帶不走。

其實，成為基督徒，就是承受從神而來的福分，早已是屬天的富豪。試問，如果有人捧著億萬錢財，要跟你換天上的「豪宅」，你願意為了今生的榮耀，賣掉永生的「房地產」嗎？

買不買得起房子，能不能住進大豪宅，自己擁有的房子一坪多少錢，賣掉能賺多少等等，這些地上的事，不該是基督徒人生最重要的事。我們的人生主權早已交託主，主既顧念我們的一切所需，實在不需自尋煩惱，計較那地上的豪宅買不買得起。

基督徒的豪宅人生，應當是實踐「盡心盡力愛主你的神，且愛人如己」的誡命，把自己有餘的和不足的鄰舍分享，而不是斤斤計較於自己的收入能不能在台北市買一戶房子，貸款負不負擔得起，房子轉手賣掉能賺多少錢，四十歲後能否換個大房子這些屬世的事。

地上的財富如草木禾稭，如沙堆城堡，大火一來，大水一沖，轉眼就不見了，「當積財寶在天上」，天上的豪宅，才是基督徒應該努力追求的目標。

你們的財寶在哪裡，你們的心也在哪裡。

《聖經．路加福音》十二章34節

赤貧兒童之父：巴納德醫生

巴納德醫生（Dr. Thomas Barnardo, 1845—1905），英國人。十七歲受洗歸入主的門下，二十一歲進入倫敦醫學院就讀，原本嚮往到中國醫療宣教，但在倫敦街頭的一次巧遇，改變巴納德一生事奉的方向。

有一天，巴納德獨自來到倫敦東區郊外，在那裡，他遇到一群赤貧孩童。過沒多久，二十五歲的巴納德了解這是神的呼召，便決定留在倫敦奉獻生命，開放自己在斯蒂普尼（Stepney）的家，幫助那群窮人中的窮人——赤貧孩童。

然而，真正讓巴納德全心投入赤貧孩童事工的，卻是一名十一歲的男孩約翰。

約翰被稱為「紅蘿蔔」（Carrots），因為他有一頭鮮紅的頭髮。他經常在修道院花園和比林斯門間徘徊，尋找住宿的地方。有一天，巴納德帶了五個孩子，打算前往收容所，約翰懇求巴納德也把他帶上，但巴納德推說收容所已滿，並答應他下次有空位一定帶他去。

然而，約翰卻等不到下一次。

數天後的一個早晨，一名工人在搬運一個裝滿白糖的大桶子時，吵醒一名正在睡覺的孩子，這個孩子身邊還有另一個孩子在睡覺。被吵醒的孩子一溜煙跑了，另一個卻毫無動靜。工人靠了過去，推了推熟睡的孩子，沒想到，他竟然已經死了。那個孩子就是「紅蘿蔔」。

法醫最後的驗屍報告，判定約翰長因期曝晒和缺乏食物，衰竭而死。巴納德聽聞約翰去世的消息和原因後，十分懊惱自責。「下不為例」的想法在他腦中浮現，他不斷地對自己說：「下不為例！下不為例！」

為了提醒自己，巴納德在他斯蒂普尼收容所外的顯眼處，立了一個牌子，牌子上寫道：「沒有任何一名赤貧兒童會被拒於門外！」後來又補上一句：「大門永遠敞開。」他決定，無論黑夜白天、天晴天雨、酷夏寒冬，任何時刻，只要有孩子有需要，收容所和食物、衣物、醫療照顧就不能中斷，隨時提供。

巴納德四十年的赤貧兒童事工，總共籌募到三百二十萬英鎊，更建立一座大收容所，照顧和訓練無家可歸的孩童。因為巴納德幫助而脫離困苦的孩童，總數高達六萬多人，有人因此尊稱巴納德為「街頭兒童的守護聖徒」。

巴納德收容那些其他慈善機構不願收容或接觸的孩子，那些病入膏肓、瘸腿瞎眼、長期被輕視虐待，進到收容所時差不多只能等死的孩子。如果說，巴納德的收容所有什麼資格限制，那就是他們只接納一貧如洗的兒童！

巴納德死後，《笨拙周刊》（*Punch*）的編輯Seaman爵士寫了一首紀念詩：

「讓小孩子到我這裡來，小孩子」，基督出此聲音，
今日，傳此律例的雙唇雖已緘默，
主的聲音卻已足夠。
「讓小孩子……」，祂這麼說，
那真心跟隨祂腳蹤的門徒，
為著愛的緣故，抱起那些無助的孩子，
把他們放在神的臂膀之中。

看著巴納德的赤貧孩童事工，再回頭看看自己聚會的教會，心裡真有說不出的難受！

曾幾何時，基督信仰已經成為一個中產階級的都市宗教。大城市裡的教會，只在禮拜時間開啟，更有搭建得宛若宮殿、百貨公司的巨型教會，大門乾淨整潔，會堂華麗鋪張，會友們衣著光鮮；至於瞎眼、瘸腿、赤貧的，只配去基督徒辦的社福機構，不敢走進這些華美亮麗的都市會堂。

聖經充滿了對公義問題的關切，特別是對窮人和受壓者，教會要在這些弱勢者之中傳講和表明福音。

祈禱之手

德國藝術大師亞爾伯・杜勒（Albecht Durer）有一幅《祈禱之手》十分有名，而這幅名畫背後，則有一則愛與犧牲的故事。

十五世紀德國一座小村莊裡，住了一戶有十八個小孩的家庭。這個家庭的父親是一名冶金匠，為了維持全家二十口生計，每天工作超過十八個小時。

儘管生活窮苦，這個家庭中有兩個孩子——法蘭西斯和亞爾伯，卻有著共同而偉大的夢想。他們兩人希望可以朝藝術方向發展，不過，他們也瞭解家中經濟困難，父親不可能支持兩人到藝術學院讀書。

有一天晚上，兩兄弟在床上討論這件事，最後決定擲銅板，贏的人可以到藝術學院讀書，輸的人則到礦場工作賺錢；四年後，在礦場工作的人再到藝術學院讀書，並由先畢業的人賺錢支持。

結果，弟弟亞爾伯勝出。

亞爾伯在藝術學院裡表現突出，畫作頗受好評。

他畢業後，並沒有忘記承諾，立刻回家尋找四年來一直在礦場努力工作、賺錢供養自己的哥哥法蘭西斯。

亞爾伯回家那天，全家人替他準備了一頓豐盛的晚餐，慶祝學成歸來。席間，亞爾伯起身答謝哥哥法蘭西斯四年來對他的支持。

「現在輪到你了，哥哥，我會盡全力支持你攻讀藝術，實現你的夢想！」沒想到，全家人的目光都轉到法蘭西斯身上，只見法蘭西斯涕淚橫流。他垂下頭，一邊搖頭、一邊客氣地說：「不！不用了。」

隨後，法蘭西斯站起來，望著心愛的弟弟亞爾伯，握住他的手說：「你看看我這雙手，四年來，我不斷在礦場工作，手已經毀了，關節動彈不得。現在我的手連舉杯為你慶賀的力氣也沒有，更別說是拿筆畫畫或舉刀雕刻了。弟弟，一切都太遲了！不過，看到你能實現夢想，作哥哥的我也十分替你開心。」

幾天後，亞爾伯無意間看到法蘭西斯跪在地上，合起那雙粗糙有力的手在祈禱：「主啊！我這雙手已無法實現藝術家的夢，願您將我的才華與能力，全都加倍賜給我弟弟亞爾伯。」

原本已經對哥哥已十分感激的亞爾伯，看到這一幕，更是感激涕零，畫下哥哥禱告中的這雙手。

五個世紀後的今天，亞爾伯・杜勒的速寫、素描、水彩畫、木刻、銅刻遍布世界知名博物館；不過，最為人熟悉且感念的，莫過於他為哥哥所畫的《祈禱之手》。

佐賀的超級阿嬤

前一陣子，一口氣讀完《佐賀的超級阿嬤》。小小一本書，頗令人感動，也讓我想起小時候，奶奶和父親常常談到的過往窮困生活。

記得奶奶說，父親小時候要從嘉義市的博愛路走到大同國小上課，每天路程要一個多小時。那時候的孩子多赤腳走路，因為鞋子太珍貴，大家幾乎都是用兩條鞋帶把鞋子串起，掛在脖子上。當年是鞋子穿人，而非人穿鞋子；不像現在的孩子，輕易就能買到幾千元一雙的名牌球鞋。

上學的途中，父親會路過嘉義市長榮路的樂昇戲院。早上的戲院沒開也沒人，戲院外放著掃把跟畚箕。聽說，我老爸總以為那是沒人要的東西，順手拿走，每次帶回家都被奶奶唸。

樂昇戲院外，除了老是被我爸撿到掃帚畚箕，還有晚場散場客人掉落的零錢。父親幼年時家境不好，爺爺的薪水分配家用後，就一毛不剩了。父親常常會到戲院附近尋覓，找找是否有掉在地上的零錢。撿到錢才有早餐吃，沒撿到就餓肚子。可是，我總覺得，盼望撿到錢的父親，雖然餓著肚子，卻擁有希望。一旦撿到錢的那種興奮，不是現代有求必應、事事都能滿足的小孩所能了解的。

這幾年，臺灣社會或許不景氣，然而有飯吃、有衣穿、有房住，還是絕大多數所謂的窮人辦得到的事。只是有些窮人，在物質窮困的同時，連帶拋棄了自尊。

前陣子《一碗麵》的故事迴響熱烈，正突顯這家人人窮志不短，令人佩服！相較那些裝窮、要小孩去行乞的父母，哪種人才是窮，高下立判。

聖經中記載，耶穌喜悅的是窮人奉獻的兩個銅板，而不是豐厚的獻祭。自己窮到什麼都沒有，卻在收到資助時，與同樣貧困的人分享社會愛心的賜予，這種人才是真富足！

輯 10

啟動改變契機

人生沒有機關神蹟

機關神蹟（又譯為機械神蹟，*Deus ex machina*），拉丁文意指「由機械上下來的神」。最早源自古希臘時代，當時的作家常利用諸如起重機等製造舞台特殊效果的器材，將神帶入舞台，以解決戲劇中主人翁面臨的困境，後來泛指任何處理不合理問題的牽強安排。

簡單來說，機關神蹟會出現在一些看似無解的難題中，讓主人翁逢凶化吉，脫離困境。作家有時候利用機關神蹟替自己解套，因為很可能連他自己都陷入作品的重重布局中，非得另外安排一個角色，才能幫主角解決困境。

在戲劇中巧妙運用機關神蹟，的確可以幫助主人翁化解困難。用得巧妙，還能博得觀眾喝采；如果用得太牽強，例如突兀地插入角色，很可能會被觀眾嫌棄。特別是當觀眾已經接受稍早戲劇所安排的重重布局，正等待著巧妙而合理的解決辦法，而觀眾期望是由主人翁本身、或至少曾在戲劇中出現過的線索來解答。

直到現在，機關神蹟還是常被應用在一些娛樂性較強的商業電影或電視影集中。例如，史蒂芬‧史匹柏在電影《ET》中，就讓腳踏車凌空飛起，逃避追捕外星人的一干人。這一飛，還算飛得巧妙。但有些三流肥皂劇，常常在主人翁出現重大危機時，天外飛來一個強而有力的角色，讓主人翁化險為夷。武俠小說中，也常出現主角遭遇高手追殺到絕境時，突然冒出另一個高手救了主角，這就用得太俗濫了。

然而，不管機關神蹟用得好或不好，我總以為，習慣了機關神蹟的觀眾，會不會誤以為當自己在現實生活中碰到困境時，也會有機關神蹟出現，幫自己消滅移除所有的困難？否則，怎麼有那麼多人碰到問題時，只曉得求神問卜、拜拜燒香，等待那萬中無一的神蹟顯靈，卻不肯想辦法面對問題？

的確，信仰這世界有獨一真神的信徒們，碰到生命困境時，會向神禱告，甚至祈求神挪去苦難。然而，真正有信仰的人知道，禱告最重要是調整自己面對生命挑戰的態度，而不是逃避、將問題丟給神，然後期待機關神蹟降臨。

人生，不能只依賴機關神蹟！面對生命中每個困境，我們可以難過、傷心，求神給我們勇氣面對，但就是不能呆呆地乞求神蹟，傻傻地等待機關神蹟降臨。唯有調整好面對苦難的心態，全力以赴，才可能啟動世界的轉輪，讓萬事互相效力，成為改變的契機。

我們應該重新認識上帝所賦予人的責任，人有責任按照上帝的心意作生活中的選擇，把屬於自己的角色扮演好。

上帝不是幸福自動販賣機

包括我在內，相信有不少人剛信主的時候，把神當作許願機，總是向神求這求那，巴不得從此以後，人生平順，再無波瀾，一路平安，直抵天家。

然而，實際的人生往往不能盡如己意，上帝也並不總聽我們的「禱告」，讓我們成功、健康、富裕又順利，事與願違的情況經常發生，不順利的光景遠多過順利的時候。

糟糕的是，有些信徒甚至認為，人生旅途上的不順遂，是自己不夠好、不夠愛主，才會被主「懲罰」，承受苦難。

仔細深究，原來在我們心裡，藏著一種心態，認為信了上帝之後，就該今生順遂，就算不是照著我們的方式（當然如果能照我們所想的方式是最好），至少也該照上帝的方式，但怎麼樣也不應該是更不順遂、更痛苦啊！

如果你以為，信了上帝，可以讓你萬事亨通，可以贏得更好的今生，那麼，你可能只是把我們的主當作偶像來崇拜，當作許願樹來許願，當作幸福自動販賣機，以為只要投入禱告硬幣，就能買到幸福人生！

如果，你以為可以透過禱告，控制這世界上的事情，使其盡如你意地發生，那麼，你不過是把上帝當作阿拉丁神燈，有需要時摩擦三下，叫出來，實現你的願望！你所希望的，其實是一個能夠幫你控制萬事萬物的精靈，而不是一位愛你的神。

人不能控制世界，也無法控制人生，不會因為做了什麼就可以變成怎樣，那是魔鬼撒但的誘惑，不是上帝的平安。不要把上帝沒答應你的事情當作祂還沒答應你，更不要誤以為只要自己夠虔敬，有朝一日上帝就一定會答應你。上帝可以不答應人任何事情，不回應人的任何祈求與禱告，上帝不是人實踐人生的工具或手段。我們的上帝應得我們的敬拜，我們渴望與祂在一起，享受親密的關係，信仰應該是如此。

我們都希望人生順利，富足成功。然而，這是屬世的、屬今生、目標導向的人生規劃，能夠達成固然可喜，就算不能達成，也不該因此而怨恨上帝，或者離開上帝。因為，上帝允諾我們的是更加美好的永生、屬天的榮耀，在主裡得安慰、享平安，而不是什麼更好（通常更僅限於更富裕）的今生，或任何屬世的（社經）成就。如果你誤以為，遵守主的教導（而不光只是信主）就能贏得更好的今生，那你很可能在實踐願望後變得驕傲，並且看不起那些沒有和你一樣成功的信徒。

我們遵守聖經的教誨，我們聆聽主的教導，不是因為要追求今生順利，不是為了換取富足人生的保障，而是單單因為我們愛主，深知上帝福音的寶貴，渴望與主同在。信上帝的人不一定都會萬事亨通，這不是什麼成功方程式，否則，只是淪落於另一種壓力（不夠虔誠因而不夠成功），無法在主裡得安息。成功神學最大的謬誤就是承諾富裕美好的今生在於信上帝。

信上帝、與上帝同在，不是為了因此而能夠贏得美好今生、贏得富貴榮華，而是因為與上帝同在本身就是極為美好而值得渴求的事情，即便上帝的同在沒有改善你的經濟狀況、健康狀況，但是你還是甘心樂意地選擇與上帝同在，享受上帝，把一切交託給上帝，享受在主裡的真平安！

支持追尋夢想的人

你還記得自己最初的夢想嗎？

有些人記得，並且努力堅持著；有些人忘記了；也有人記得，但因環境等因素，暫時或永久地放棄夢想。

無法堅持夢想的人，很可能是夢想不切實際，或是環境逼迫、或是盡力後失敗，或是為了現實生活而放棄。但無論如何，曾經擁有夢想，都是讓人興奮的。

我的想法是，有些人雖然被迫放棄夢想，過著不是自己最想過的人生，但只要願意，他還是有力量支持那些還在為夢想努力打拚的人們。無論他人的夢想在你眼中看來幼稚可笑，但只要對世界無害，都毫無保留地支持他們吧！即便自己的夢想無法實踐，但幫助他人實踐，也是美事一樁。

就好比我自己，從小到大自由追求人生，父母從未干預。從原先想攻讀博士、進學校教書，到後來轉進出版，甚至拋棄安穩的工作，選擇成為全職SOHO，以寫作維生。

在這個時代，文字工作者謀生並不容易，一開始賺的錢很少，不符社會對我這個年齡與學歷的期待。但父母沒說什麼，默默支持我，讓我追逐夢想。而這夢想就是我相信神所給我的「文字宣教」的異象。

不只父母，還有許多同學、業界前輩、編輯、教會朋友，乃至發表文章的網路園地上無數陌生人的關心鼓勵，成為我一路走來最寶貴且珍惜的力量。許多人或許不能實踐夢想，但都樂意支持有夢的人繼續追尋。

其實，許多偉大成功者的背後，都有一群默默支持他追求夢想的善心人。例如又盲又聾又啞的海倫凱勒，因為碰到了循循善誘教導她的老師，終於讓她的生命發光發熱，成為溫暖無數人心的力量。

讓我們成為追求夢想者的助力而非阻礙吧！教會裡，特別有這樣美好的傳統，當有人接受異象，想成為牧師、宣教士時，總有一群人默默奉獻，替這些人禱告、募款。正是這些支持夢想的代禱勇士，讓神的福音不斷廣傳出去。

我相信，世界上越多人實踐夢想，世界就能變得更好；幫助他人的人，也一定會更快樂，彌補無法實踐夢想的遺憾，或者讓自己再度成為追逐夢想的一分子！

有人說：「沒有失敗，只有放棄。」以此來鼓勵還在追求夢想者。但是，已經放棄的人其實也不代表失敗，只是無法繼續追求。也許再繼續追求，他就成功了；但環境不允許、世界不允許、父母家人不允許、甚至身體不允許，只能放棄了。

如果，你曾經被迫放棄夢想，也千萬不要像社會上一些人，因為無法達成夢想，便嘲笑有夢的人，甚至成為他們的絆腳石，非要對方和自己一樣失去夢想才甘心。

電視劇裡，常出現類似人物，因為看不慣主角努力追求夢想，一心只想扯對方後腿。現實生活中，父母常是阻力，或許他們曾因種種原因放棄夢想，卻不讓孩子走自己的路，強迫下一代實踐自己未竟的夢。

擁有夢想並努力追求者，更要成為其他逐夢者的力量與支持，不要想把對方比下去、擠出去；因為夢想無限寬廣、無限可能，每個人都能開創自己的藍海，並不會因為鬥垮某個人，就讓自己的夢想變得比較容易實踐。

夢想也不一定很遠大。有人希望成為超級專業、熱情有禮、人人稱許的餐廳服務生，這也是夢想。好比日本節目「電視冠軍」裡的各種達人，夢想並不見得偉大，甚至有點好笑，但當他們熱情專注地投入，以非凡技巧創作時，就不得不令人佩服了。

讓我們一起為夢想努力，並且不計犧牲與辛苦，甘心樂意追求吧！

沒有異象，民就放肆。

《聖經．箴言》廿九章18節

想要的欲望

有個人想加入修道團，院長對他說：「你想加入可以，但除了安貧、守貞、服從之外，還必須遵守修道團另外兩件事：第一、你必須做你不想做的事；第二、你不許去做你想做的事。如果能切實遵守，我就歡迎你入會。」

從來不曾經歷挫折、失敗的孩子，長大後不僅不懂得替他人著想，還會目中無人，以為世間一切都是為自己存在。偏偏世上許多父母，完全順服孩子的要求，不讓孩子遇到一點挫折，自以為對兒女呵護備至，卻培育出難以管教的小霸王。

人與真理之間，常常橫亙著許多「想要」。「想要」做我們想做的事情，無論會造成多大的傷害；「想要」不做不想做的事，無論這個結果會帶來多大的好處。

小霸王們只會做自己想做的事，而不管結果會帶來多大的破壞。

人生道路的選擇，如果僅僅挑選容易的走，那是一輩子選擇逃避。唯有正面迎戰，走上具有挑戰、艱難險阻的道路，學習承受失敗的挫折，才能磨去自我性格上的缺陷。

心理學研究，也證實了這一點。挫折忍受度較高的孩子，比較容易成功。

試問，哪種教養下長大的孩子經歷的挫折較多？是凡事被寵、順性而為、不計後果的小霸王，還是面對困境、學習超越、不愛哭訴抱怨的孩子？

少說「我想要」

禮拜三傍晚和客戶開完會後，從捷運西門站搭捷運回家。車上人不算滿，我身旁站了兩個看似在學的年輕女孩，打扮入時。讓我驚訝的是，在短短四、五站的時間內，這兩個女孩閒談之中，十有七八都以「我想要」開頭。

側耳聽這兩名女孩閒聊，其實她們想要的，就是把自己打扮得漂漂亮亮的配件，像是包包、首飾之類的。

有錯嗎？其實也沒有。

年輕女孩希望自己更美麗，不算壞事；打扮得體，也是禮貌，對自己、對別人都是種尊重。只是，接二連三的「我想要」背後，我聽不到她們打算怎麼得到？彷彿天底下有這麼便宜的事情：「我想要」，禮物就會自動掉下來，父母會供應、男友會奉上，追求者必須懂得察言觀色。

我突然擔心這兩個女孩，她們不懂「資源有限，欲望無窮」沒關係，更讓我擔心的是，她們不知道該付出什麼，才能換得那一連串「我想要」背後的東西。

撇開我的杞人憂天，其實，像那兩名女孩「我想要」的程度，並非太大的欲望。看看當今社會，檯面上的人不管企業家或上班族，哪個人不是「我想要」，一心追逐富貴榮華、紙醉金迷。

只是，我常想，要這麼多做什麼？炫耀自己比別人行？成功、權力、還是名望？

其實，原本的我也有很多「想要」，但這幾年手頭並不算寬裕，加上因著某些因素得存錢，所以除了買書吃飯，幾乎不太花錢。

這一陣子，收入穩定了，也累積一些存款，回頭再看這些欲望，竟然提不起太多興致去滿足。想來也好，清心寡欲、安步當車，人生至樂。這境界未必能持久，但守一天是一天吧！

少說「我想要」，多為需要的人想，世界或許更加富足美好。

主的比喻

新約聖經中，主耶穌講過許多比喻和故事。兩千年來，許多神學家、解經家和牧師們，對於主的比喻並沒有辦法取得一致的共識；信徒對於主的比喻，也都有獨特的領受。

然而，神學家、解經家或大牧師們，卻很想將某些比喻固定基調，好讓信眾學習遵從，也方便信仰的傳遞與宣講。

殊不知，直接了當地述說真理的覺察，是世人無法全然接收的，也是人類無法承受的。主的比喻，奧妙正是如此，這是對人的體貼，知道人心思善，卻又無法直接面對真相。

一個比喻如果只能有一種檢視，相信早就被時代超越、被人看透，乃至被人揚棄。一個比喻必然能有各種領受，即使獲得領受的人未必是最需要這個比喻教導的人；而真正需要這個比喻的人，則未必懂得領受。

但正因為主的比喻如此奧妙，我們越讀，就越能感受其中的豐富。我的看法是，比喻的重點不在於究竟能解出多少含意，也不在於哪些含意才是信仰的真道。對於同一則比喻，出現兩種以上的領受，根本不足為奇。因為讀聖經真正的重點，不是決定出多少含意，而是正在閱讀這則比喻的人，能否從主的比喻中有所領受。

以前我（耶穌）是用比喻向你們解釋真理，但以後就不必了，因為我會直截了當地把父上帝介紹你們。

《當代聖經．約翰福音》十六章25節

信任的關鍵在順服

儘管社會看似越來越亂，但絕大多數時候，我們仍然信任著他人。因為人無法控制眼前的變化，所以選擇信任，克服不確定性帶來的焦慮。

美國思想家法蘭西斯・福山（Francis Fukuyama）在《誠信》（*Trust: the social virtues and the creation of prosperity*）一書中指出，具備高度信任態度的人們，擁有較高的社會資本，能夠開創較高的經濟成就，例如美國、北義大利和日本；至於信任度低的人們，社會資本較低，經濟成就相對較低，例如南義大利。

原來，選擇信任是有好處的，至少在經濟上能夠取得較高成就。許多研究也指出，選擇信任的企業，比較能夠成功。

信任人的人，似乎有種天賦，懂得如何辨識值得信任的人，因而造成正向循環。至於不願意信任人的人，則是因為缺乏辨識可信任人的能力，因此，寧願採取防衛心態，懷疑所有靠近自己的人，做起事來疑神疑鬼，平日焦慮不安，自然比較不容易獲得高經濟成就。

即便如此，選擇信任仍是有風險的。信任就像賭博，即便再有把握，都可能失手。我們每一次付出信任，都可能失敗或成功，但如果信任百分之百零風險，那信任就沒有價值了。正因為明知可能被背叛或傷害，還是願意相信，這才叫信任。

信任也是人對人的一種禮物。雖然我不認識你，但我相信你值得信任；即便我看走眼選擇錯誤，依然不會失去對人性的信任，甚至再度選擇信任那背叛過你的人。

付出信任，關鍵在於順服世界的運作與事件的發生，不以預設立場思考將發生的事情。

放下期望，信任會帶你開創無限可能。這是人類最古老而根本的感受元素，讓人勇敢面對未知，並向不確定的命運走去。

信靠祂的人並不至於羞愧。

《聖經・羅馬書》九章33節

Notes

Notes

Notes

Notes

Notes

主流出版

所謂主流，是思想的主流，閱讀的主流，時代的主流。

一個傳遞時代脈動的媒介，一座鼓舞人心的價值燈塔

期待以更親和的方式，向廣大讀者介紹人類文化的豐富資產——成為基督教文化與讀者之間的橋梁，讓每一本精心編輯的書籍豐富讀者的身心靈。

盼望掌握時代脈動，提供讀者一座當代的價值燈塔——我們用激勵人心的勵志小品與真人真事，將希望傳遞出去；用經典的文學、攝影、社會關懷著作等，取代現代資訊轟炸過後留下的人文沙漠；用生活、管理與健康叢書，幫助現代人重拾生活的秩序。

主流出版希冀提供現代人全方位的人文閱讀角度，健康的資訊攝取習慣，以及尊重自己、關懷社會的柔軟心腸。

【徵稿啓事】

主流歡迎你投稿，勵志、身心靈保健、基督教入門、婚姻家庭、靈性生活、基督教文藝、基督教倫理與當代議題等題材，尤其歡迎！

來稿請e-mail至lord.way@msa.hinet.net，

審稿期約一個月左右，不合則退。錄用者我們將另行通知。

部落格網址：http://mypaper.pchome.com.tw/news/lordway/

心靈勵志系列 7

屬靈雞湯：68 篇豐富靈性的精彩好文

作　　者：王樵一
編　　輯：張惠珍、洪懿諄
封面設計：黃聖文

發 行 人：鄭超睿
出版發行：主流出版有限公司　Lordway Publishing Co. Ltd.
出 版 部：台北市南京東路五段 123 巷 4 弄 24 號 2 樓
發 行 部：宜蘭市縣民大道二段 876 號
電　　話：(03) 937-1001
傳　　真：(03) 937-1007
電子信箱：lord.way@msa.hinet.net
郵撥帳號：50027271
網　　址：http://mypaper.pchome.com.tw/news/lordway/

經　　銷：
紅螞蟻圖書有限公司
台北市內湖區舊宗路二段 121 巷 28 號 4 樓
電話：(02) 2795-3656　　傳真：(02) 2795-4100

以琳發展有限公司
地址：香港九龍灣啟祥道 22 號開達大廈 7 樓 A 室
電話：(852) 2838-6652　　傳真：(852) 2838-7970

Christian Communications Inc. of USA
9600 Bellaire Blvd., Suite 111, Houston, TX 77036-4534, USA
Tel: (1) 713-778-1144　Fax: (1) 713-778-1180

2015 年 9月　初版 3 刷
書號：L1007
ISBN：978-986-86399-1-1（平裝）

國家圖書館出版品預行編目資料

屬靈雞湯：68 篇豐富靈性的精彩好文／王樵一作. --臺北縣新店市：主流, 2010.11

面； 公分. --（心靈勵志系列；7）

ISBN 978-986-86399-1-1（平裝）

1.靈修 2.生活指導

192.1 99021005